現役の介護教員、介護福祉士
だから書ける生きた教育

介護を受けるくらいなら、長生きしたくない？

滝北利彦

目次

第Ⅱ章　「介護」と「認識論」——47

まえがき

よく耳にしますね。「錆びない身体づくり」。そんなキャッチフレーズに押されてポリフェノールたっぷりの赤ワインを飲む。抗酸化作用を高めるリンゴも皮ごとガブリ。歯ぐきの出血を気にしながら。コラーゲンが肌に良いと聞けば、鶏鍋に豚骨ラーメン。

髪の隙間から白髪が見え隠れすれば、カラーシャンプーで対抗する。洗うだけで髪を黒くしてくれる便利なアレです。白髪を抜くのは、もったいなくてできません。育毛剤を愛用するくらいです。

気がつけば、アンチエイジングやエイジングケア的なグッズに囲まれているこの頃。そのくせ、年に一度の健康診断には引っかかってばかり。

できれば、いつまでも若いままでいたいのに。不老不死の実があれば、試食だってしてみたい。だけど、年を取ることに後ろ向きで悲観するばかりか、と言えば、そうでもありません。

そんな風に思えるのは、老人ホームで出逢ったおじいさんやおばあさんたちのおかげかもしれません。少しは老いた自分をイメージできるようになったからです。

どんなイメージかって？

自分では介護施設に働きに来ているつもりが、いつの間にか介護サービスを受けている。スタッフたちから「すごーい」「さすがです」とヨイショされてニヤニヤしながら、洗濯畳みなどに精を出している。そんなイメージです……。

とは言え、世の中には「老い」や「介護」に対して、かなりネガティブに捉える人もいます。そういう人は決して少なくないのではないでしょうか。

以前、介護の仕事に就いていることを同窓会の席で話したところ、

「エライな。ようやってるなぁ」

「認知症の人も相手にするんやろ。オムツを替えたりも。エライこっちゃでぇ」

「正直、オレには絶対に無理や。オレは自分が年取っても介護とか受けたないし。そこまでして長生きしたいとも思わんわ」

と同級生たちは悪気もなく言うのでした。

大阪弁でいう「エライ」には、「エライこっちゃ」「エライすんません」のように、「大変」という意味もあります。どんな仕事にも大変さはあるのに、介護は特別に大変だ、とネガティブに見られているように感じました。

きっと彼らのような捉え方をする人ほど、夜道の柳を幽霊だと勘違いしやすいのではないでしょうか。疑心暗鬼という鬼が威張りだすからです。そして、鬼を放置するかのように彼らが、「老い」や「介護」に目を背けているように思えるのです。その方がよっぽど「エライこっちゃ」なのに。

超高齢社会に対する不安が暗い夜道であるとするなら、枯れススキも幽霊に見えるのかもしれません。これは認識の問題でもあります。

だとすれば、認識の理論を用いて〈明かり〉を灯したい。

「老い」や「介護」に対して、目を背けるのではなく、認識を深めることで「老い」を受けとめるよう

に備えたいのです。

　更に言えば、介護の味わい深さを社会に発信し、介護の担い手を増やすことにも貢献できれば、と願うところです。

「老い」は生きている限り誰もが避けられない道。

だからこそ、月明かりのような、優しい光で照らしたい。

介護の持つ〈明かり〉で。

それができれば、夜道の幽霊や鬼を大人しくさせることができるのですから。

本書は、特別養護老人ホームでのエピソードを巡る旅物語。

〈明かり〉ともいうべき「生きる知恵」を探す冒険物語です。

これから介護に関心を持つかもしれない方々、
現場で日々奮闘なさっているケアワーカーの皆さん、
生き方を模索中のお方も、

「旅は道連れ　世は情け」です。

さあ、一緒にケアワーク（介護）という知的冒険へ旅に出ましょう。


　本書に登場する高齢者施設や、その利用者及び、私以外のスタッフの名前は、プライバシーへの配慮からすべて仮名になっております。ご了承ください。

第Ⅰ章　介護という表現

第1節 「介護」とは何か

1. 介護ロボット

十万馬力のパワーを持ち、足のジェットで空も飛ぶ、科学が生んだヒーロー〝鉄腕アトム〟。彼が誕生するのは、二〇〇三年四月七日です（原作の公式設定）。手塚治虫が描くSFファンタジーですが、この作品が生まれた時代、人々は未来に夢見て、ロボットに希望も託しました。

そんな未来の物語であったアトムの誕生日も、私たちには少し過去ということになります。

現実の二〇〇三年四月七日には、手塚プロのある埼玉県新座市でアトムは住民登録をしています。そして、未来の象徴だったロボットも、今や空想世界の住人ではありません。我が国の産業用ロボットは、出荷台数・稼働台数ともに世界一を誇り、日本は世界トップクラスの技術を持つロボット大国です。同時に、超高齢社会における世界のトップランナーでもあります。

「介護ロボット」という言葉も珍しいものではなくなりました。

しかし、本当にロボットに介護ができるのでしょうか。

そもそも、「介護」とは何なのでしょう。

それを考える上で、「ロボット」をモチーフに取り上げてみたいと思います。

その理由は、二つあります。

一つは、「介護」という温もりを感じさせる概念と「ロボット」という金属の冷たさを感じさせる概念を併せ持つ「介護ロボット」に、戸惑いを感じるからです。

もう一つは、今後の「労働力人口の減少」と「認知症患者の増加」を念頭に置くと、「介護ロボット」は見過ごせない存在になる、とも思えるからです。

ロボットとは

実のところ、「ロボット」は、その定義さえまだ世界共通と言える認識が確立されていません。介護や生活支援のロボットが人間を事故に巻き込まないためにも、しっかりとした基準を定めていきたいところです。

そのような中、経済産業省（ロボット政策研究会　二〇〇六年）では、

「センサー、知能・制御系、駆動系の３つの要素技術を有する、知能化した機械システム」

と定義しています。

これをイメージしやすくするために、人間に例えてみます。

・センサーは「感じること」を行います。

例えると、感覚器官のようなものです。

・知能・制御系は「考えること」と「全身のコントロール」を行います。コンピュータシステムが、頭脳と神経網のように働きます。

・駆動系は「動くこと」を行います。筋肉や骨格のようなものです。

この定義で言えば、洗濯機も、冷蔵庫も、エアコンも、これに含まれます。実は、私たちは身近にロボットと暮らしている、というわけです。

では、「ロボットに介護ができるのか」について考えてみましょう。それにより「介護とは何か」が、少しずつ見えてくるように思えます。

皆さんのイメージでは、「介護」というと、どのような場面が頭に浮かぶでしょうか。台所での食事の支度、杖で歩行する人の見守り、車いすを押したり、お風呂で背中を流したり……等々でしょうか。

介護ロボットにも明確な定義はありませんが、概ね介護の場面で活躍が期待されるロボット、と言えます。そんなロボットには人間を超える能力を持つものもあります。

たとえば、パワー、スピード、記憶能力などもそうです。

しかし、部分的には人間以上の能力を発揮するものの、上記の定義でいう「ロボット」と「人間」には、大きな違いがあります。それは、介護などの対人援助という働きにおいて、決定的とも言えるものです。

さて、それは何でしょうか。

2．ロボットと人間の違い

人がどのように物事を理解するのか、という「認識」のカラクリを理論化した教育学者に、庄司和晃氏がいます。その理論を簡単に説明すると、人は、抽象（概念）と具象（感覚）、その間にある半抽象（表象）の三段階で対象を捉え、各段階間の行き来によって認識が広がり深まるというものです（認識の三段階連関理論）(1)。

もっと簡単に言うと、「感覚でわかる（感じること）」「イメージでわかる（思うこと）」「理屈でわかる〈考えること〉」の三つの段階で物事を捉えている。三つの段階間の行き来が活発になるほど、広く深くわかるのだ、という理論です。

たとえば、目に見えるものであれば、ロボットは形や大きさなどをセンサーで感じ取ることができます。しかし、捉える対象が〈雰囲気〉だとしたら、そうはいきません。明るい雰囲気だと言っても、それは電球のようにルーメンという明るさの単位では捉えられないのです。

人間の場合は、感覚や理屈だけでは捉えられないもの、たとえば、目には見えない心、声にならない声などに対して、「想像力」を働かせることができます。「おもいやる」とも言い換えられます。庄司氏の認識の「三段階」でいうと、「思うこと」の段階です。

つまり、ロボットと人間の決定的な違いは、物事や対象の捉え方です。認識するという意味での質の違いです。

ロボットが対象を「感じること」「考えること」の二段階で捉えるのに対して、人間は、「感じること」

「思うこと」「考えること」の三段階で捉えることができます。これは大きな違いです。

そして、この質の違いこそが、特に介護に求められるものなのではないでしょうか。

「ロボット」という言葉は、**「他人に操縦されて動く人。傀儡（かいらい）。」**[2]を意味し、「傀儡」は「操り人形」を意味します。これは、定義とは別に、私たちの持つイメージに近いものかもしれません。

たとえば人間であっても、「ロボット人間」などと呼ばれることがあります。ここにもロボットの特徴が隠されているように感じます。私はこの言葉から、特別養護老人ホーム「虹《にじ》の郷《さと》」で出逢った先輩ケアワーカーの言葉を思い出します。

ロボット人間

ケアワーカーの見習いアルバイトとして、私が働き始めた頃の話です。食事介助の際、スプーンでペースト状のおかずを口に運ぼうとしますが、そのおばあさんは口を開いてくれなくなりました。まだ半分以上も食事が残っているので、「後でお腹が空きますよ」などと声を掛けますが、反応がありません。

さて、どうしたものか。困惑していたところ、先輩ワーカーの遠島未優来さん（二十代後半の女性）が、声を掛けてくれました。

「ねぇ。今日のおかず、何か知ってる?」

遠島さんは、介護の仕事に就いて七年目の介護福祉士です。無資格・未経験の私にとって、気さくな彼女は何かと相談しやすい先輩でした。

「魚ですよ」

と答える私に彼女は、白身魚か、青魚か、何の魚なのか、と尋ねてきます。

「ペーストの状態なので、種類まではわかりません」と答えると、遠島さんはやっぱり、という顔をしました。そして、やんわりと教えてくれました。

「今日の魚は、〝さわら〟だよ。もうすぐ三月というこの時期のさわらは美味しいんだよ。『さわら』っていう字はね。『魚』に『春』って書くの。だから、今が旬なんだよ」

それから諭すように、

「今の鰆《さわら》のような説明があるのと、何の魚かわからないまま説明もなしに口に運ばれるのだったら、どっちが食べたいと思う？」

と尋ねるのでした。

そうか、と思いました。私には、自分が食事介助を受ける立場だったら、という想像力（思うこと）が足りないことに気づきました。

あのときの私は、業務マニュアルから「自立支援」という言葉を頭にインプットしたものの、それをどのように食事意欲を引き出す実践につなげるのかがわかっていなかったのです。

つまり、「理論」（概念）と「実践」（感覚）がつながっていなかったわけです。

このように、相手の状態や状況、用途に応じて、どのように関わるのか、それを想像すること、思いを巡らせること、心を配ることがなければ、人間でさえも「ロボット化」するのではないでしょうか。

また、もし仮に、私が遠島ワーカーの説明どおりにマニュアル的に魚の説明をしたとしても、そこに、相手を「思うこと」がなければ、それは動作や行為を単純にコピペ（「コピー＆ペースト」の略）することと変わりがありません。やはり、「マニュアル人間」や「ロボット人間」ということになるでしょう。

簡単に言えば、概念と感覚の間を行き来することができない人を捉えて「ロボット人間」と呼ぶのではないでしょうか。ロボット人間的な捉え方とは、「考えること」と「感じること」の間にハシゴがつながっていないような認識の在り方です（図A）。

それに対して、人の認識は、「感じること」「思うこと」「考えること」という三段階で捉えるというものです[(1)]。これにより、各段階間の行き来がより自在になり、より結びつきを強めることができます（図B）。

ここに人間とロボットの違いがあり、「介護とは何か」を考える手掛かりがあります。

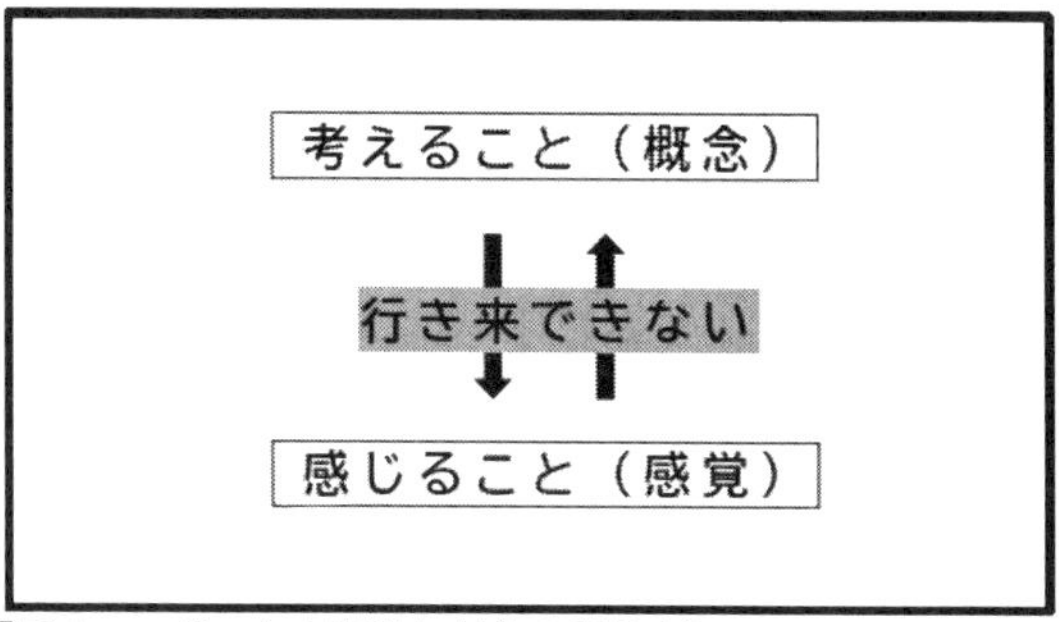

【図A：ロボット人間的な対象の捉え方】

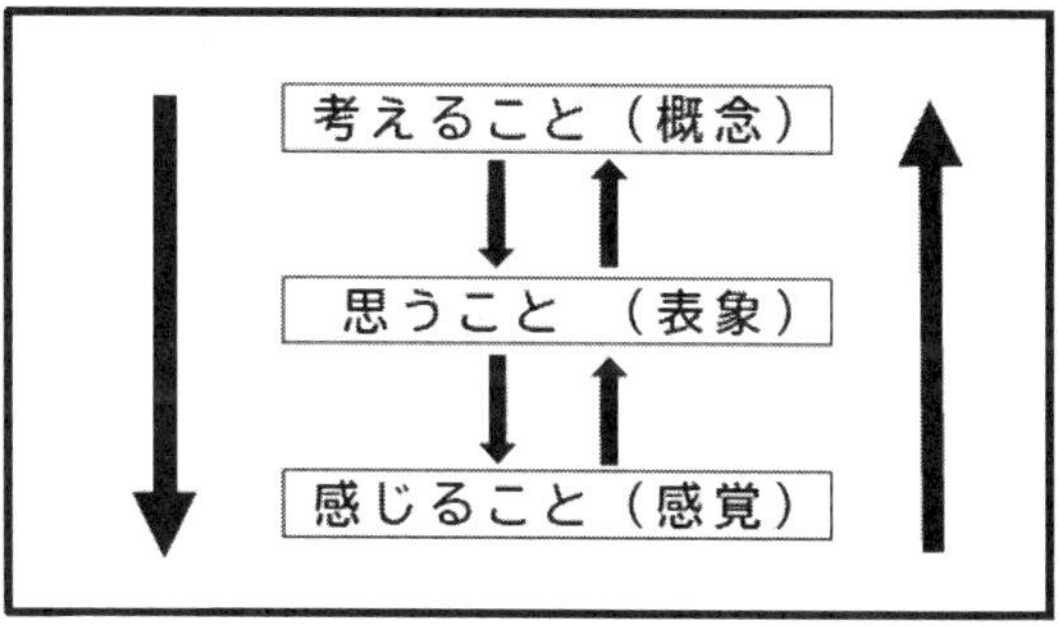

【図B：人間の対象の捉え方（認識の三段階連関理論）】

3. 食事意欲を引き出す

たいていの介護施設では、食事の献立を閲覧できます。食いしん坊の私は知らない名前のメニューがあれば、すぐに栄養士に確認します。「ミネストローネ」もその一つでした。

すると、一人のおじいさんが、ミネストローネってどんな食べ物なのか、と尋ねてきました。私は答えます。

「どうやら、トマト味のスープらしいですね」

まだこの時点では、ミネストローネを食べたことがなかった私は、栄養士から聞いた話をよくわからないまま伝えようとしていました。これでは、あまり美味しそうとは言えない説明です。食べてみたいなぁ、という気持ちに働き掛けていないし、お洒落さも足りませんね。

今ならもっと美味しそうに伝えられるかもしれません。

たとえば、こんな風に。

「ミネストローネは、イタリア語で『具沢山のスープ』という意味があります。トマトやニンニク、オリーブオイルなど、イタリアを代表する食材で作られています。だから、イタリアの『故郷の味』『おふくろの味』とも言えるスープなんですよ[3]。実は、さっきネットで調べました。僕もまだ食べたことがないんです。今から楽しみです。早く食べたいですね」と。

また、私はテレビのグルメ番組を見ていて、上手に美味しさを伝えるものだ、と感心することがあります。現実的には、味や香りをテレビから感じ取ることはできません。だからその分リポーターは、イメージや雰囲気で伝えようと工夫しているように思います。そして、私たちは、画面に映るリポーターの食べている姿を自身と重ねて、感覚では味わえない「美味しさ」をイメージで補おうとするわけです。

彦摩呂さんの「肉汁のドリンクバーや〜」「うわぁ、海の宝石箱や〜」などのリポートは、視聴者の想像力を膨らませる名人芸のような表現です。

ここまでは、「料理」という対象を例に述べてきました。

では、これまでの話は「料理」だけに当てはまることなのでしょうか。対象を「介護」に置き換えてみましょう。

「鰆」や「ミネストローネ」のように、対象を深く認識していなければ、その持ち味を相手に上手く伝えることはできません。

同様に、介護も理論や知識を頭にインプットしただけでは、実践として上手く相手に伝えることはできません。介護の持つ味わいを伝えることも難しいでしょう。実際に、心身の機能が低下した状態にある人には、食事意欲が低下している人も少なくありません。中には、食事の介助を拒む方もいます。

それにもかかわらず、「知識」や「技術」をどのように生かすのか、そこに「思い」を巡らすことがなければ、意欲を引き出すことなどできないでしょう。ハウツーやマニュアルをインプットしただけの関わりでは、人の気持ちは動かせない、とも思えるのです。

4.「介護」の持ち味

タイタニックとピザ

明治生まれの橋村千代さん（九十九歳の女性）は、当時、食事意欲の低下が目立つようになっていました。ある日、社員食堂で休憩をとっている私のところへ、同僚ワーカーの渋谷祐二君（二十代後半の男性）が千代さんの車いすを押しながらやって来ました。

「千代さん、ちょっと滝さんとここで待っていてください。僕はちょっと離れます」

目配せする渋谷君に、了解したことをアイコンタクトで返します。

「千代さん珍しいですね。社員食堂に来るなんて。よかったらゆっくりしていってください」

私は待つ間の世間話で、二枚目俳優と食事を同席したら、美味しさも増すのではないか、と千代さんに言いました。

そして、『タイタニック』で有名な俳優レオナルド・ディカプリオをご存じか、と尋ねると、千代さんは目をパチクリさせます。

「あなた、すごいわね。お若いのによくタイタニック号なんて知ってるわねぇ」

「千代さんも『タイタニック』（映画）を観たんですか？」

と尋ねながら、何となくかみ合っていない空気を感じました。

「アレッ？ もしかしたら、千代さん。映画じゃなくて本物のタイタニック号を知ってるんですか？」

「そりゃあ、知ってますよ。あれだけ、新聞で大騒ぎになったんだから」

千代さんは当たり前のように答えるのでした。

私は、リアルタイムでタイタニック号を知る人がすぐ目の前にいたことに改めて驚きました。タイタニック号が沈んだのは、一九一二年。千代さんの話では、当時まだ日本にはラジオはなく、国内初のラジオ放送はそれから十年以上も後の話になるそうです。小柄でいつも物静かな千代さんが歴史の生き証人として大きく見えた瞬間でした。

そこに、渋谷君が戻ってきます。

「滝さん。物知りの千代さんでも、知らないものがあるんですよ。何だと思います?」

そう言って彼は電子レンジで温めたものをテーブルに運んでくれました。

「千代さんは〝ピザ〟を知らないって言うんですよ。それで説明しようとしたんだけど……。どうせだったら一緒に食べませんかってことになったんすよ」

間もなく百歳を迎える千代さんの人生初のピザです。記念すべきその瞬間と、温かいチーズピザをお裾分けして頂きました。〝タイタニックとピザ〟。互いの認識が深まる楽しさも三人で味わえました。

後から渋谷君に聞いたのですが。彼は千代さんとピザを食べる約束をした日の仕事帰りにスーパーで美味しそうなピザを探したそうです。そして、約束の朝、冷凍ピザを鞄に入れて通勤してきたのでした。

「医食同源」とは、日頃の食事も医療と同じように健康につながっている、という意味です。この言葉が単に栄養補給だけを表すものなら寂しいです。少なくとも私は、約束のピザを自宅から鞄に入れて持って来るような仲間と食べたい、と思います。

そういう人と囲む食卓の雰囲気は、ロボットのセンサーでは捉えることができません。

また、「少しでも相手に食べたいなと思ってほしい」という願いも、目には見えないものです。

しかし、確かに「美味しさ」に影響します。

そう考えると、食事の美味しさとは、舌の感覚だけで味わうものではない、と言えます。

「何を食べるのか」も大切ですが、生《い》活を生き活《い》きと味わうために、「誰と食べるのか」も、雰囲気作りや心配りも、介護の持ち味として大切に考えたいものです。

5．想像力

介護とは何かを考える手掛かりとして、「介護ロボット」をモチーフにしました。そして、ロボットと人間の対象の捉え方の違いや、人間であっても機械のようにロボット化しては、血の通う関わりは持てないのではないか、と述べてきました。

しかし、機械や道具であっても、車いすなどの中には、「身体の一部」と称されるものもあります。単なる〝モノ〟ではなく、〝血の通うもの〟にしていくためには何が求められるのか。次の事例から考えてみましょう。


事例（バーチャルリアリティコミュニケーション「ＨＵＧ」）

「ＨＵＧ」とは、ダックリングズ株式会社が開発した、ＶＲ技術とコミュニケーションロボットを用いたものです。ＶＲゴーグルに映し出される世界にいるような臨場感を味わいながら、コミュニケーションをとることができる、という技術です。これを活用し、三百キロメートルも遠方で入院する祖母を、孫の高木紀和氏（ダックリングズ代表取締役）が自身の結婚式に招待します。その取り組みは、ソフトバンクロボティクス主催のロボアプリ開発コンテスト「Pepper App Challenge」で、最優秀賞とベスト介護福祉賞を受賞しています。

しかし、その道のりは容易ではありませんでした。

既存のＶＲ技術では、首を動かせない祖母には、パノラマのような映像世界は体感できないからです。そのため、高木氏は、首を動かせなくても体感できるＶＲシステムの開発に仲間たちと乗り出します。それは、視線の動きをゴーグルが感知し、「Pepper」（ソフトバンク社のコミュニケーションロボット）に伝えることで、カメラが同じように捉えるというものです。

ところが、ＶＲは膨大な画像データを処理するため、人間の視線の動きに対して、カメラ映像の動きがわずかに遅れます。それが脳を混乱させ気分不快を招くのでした。そうしたハードルを乗り越えるために高木氏らは工夫と改良を重ねていきます。また、その情熱が、祖母に伝わり体調を回復に向かわせ、リハビリテーションへの意欲も高めていきました。手の動作も手紙が書けるまでに回復し、それに合わせたコントローラーも用意されます。

そして、画像データの画質を調整し、ネット環境に優れた自宅への一時帰宅を叶えてハードルを乗り越えていきました。

結婚式当日を迎え、ゴーグルを身に着けた祖母が「Pepper」を介して披露宴

に参加します。司会者が、招待客に「このペッパーくんは、新郎のおばあ様なんです」と紹介すると、会場が歓声に沸きます。祖母がリモコンボタンを押すと分身となった「Pepper」が「バンザイ」と手を挙げ祝福の意思を表現したのでした。

その様子の一部が動画で紹介されています[4]。

私はそれを見ていて、「相手の身になる」という言葉が単なる理屈ではなく、「血の通うもの」へと変化するような心持ちになりました。

披露宴会場での「Pepper」が、目の前を歩く花嫁を視線で追う姿が印象に残ります。現実には、二つのカメラを付けたロボットの頭部が花嫁を追うように捉え動くというものですが、ロボットのカメラであるはずなのに、私には孫の花嫁を愛おしそうに見つめる祖母の眼差しに見えました。

「相手の身になる」とは、「相手の立場に立つ」や「相手の目線で見る」と同義語ですが、私たちは人間である以上、百パーセント完全にその人に成り代わることはできません。相手の立場や目線に少しでも近づこうとすることしかできないのです。そして、それは簡単なことではありません。

私は、ロボットも車いすと同様に福祉用具の選択肢の一つだと捉えています。アルミ合金製の車いすであっても、ユーザーの身体の一部と称されるものもあります。福祉用具も、ロボットも、利用者の身体の一部のように生かすのか〈cure〉、血の通わないモノにするのか〈kill〉は、想像力を働かせる〝人〟に委ねられています。

「Fancy may kill or cure.」

これは、コトワザの「病は気から」とも訳される英文ですが、直訳すると、「想像力は人を殺しも生かしもする」となります。

いくら性能に優れていても、豊富な情報データを知識として持つとしても、それを相手のために生かそうとする想像力がなければ、福祉用具も、介護ロボットも、単なるモノでしかなくなります。

またこれは、介護職にも、通じる話です。どれほど、専門的な知識や技術を持つとしても、それを相手に生かそうとする想像力を持たなければ、ロボット人間にも成り得るからです。

本節のまとめとして、「介護」という言葉の意味を文字からも捉えてみます。

「介」には、「介添え」のように「助ける」という意味や「仲介」「紹介」のように間に介在するという「つながり」の意味もあります。

「護」には、「大切にまもる」という意味があります。

つまり、**介護とは、生《い》き活《い》きとした生活を支えることであり、自分らしさや、可能性、互いを大切に認め合おうとする人や社会とのつながり、心の交流を護《まも》ることでもあります。そのための行為や心づかい、眼差し、雰囲気などの表現として伝わるもののすべてが介護である**と考えます。

一言でいうと、介護は「表現」です。

第2節 「介護」をどう捉えるか

1. 鰯の頭も信心から

近年、「科学的介護」という言葉をよく耳にします。科学的裏付けに基づく介護を推進しよう、という流れが強まっています。

しかし、それが強調されればされるほど私は違和感を覚えます。介護が対象とする生身のヒトや、その生活が科学的な視点だけで捉えられるのだろうか、という気がしてならないからです。

たとえば、節分の日には、「福は内」「鬼は外」と鬼のお面を被る人めがけて豆をまきます。科学的には、鬼の存在が証明されているわけでもないのに、です。にもかかわらず、高齢者施設で盛り上がる行事と言えば、やはりこの〝豆まき〟です。私も顔にポスターカラーを塗り、全身タイツに虎のパンツ、角の生えたモジャモジャのカツラというコスチュームに変身したことがあります。お年寄りの前に出ると、ドッと笑いが起きる。そして、皆さんのやる気スイッチが入ります。本気度は後片付けの際にも実感できます。床のあちこちが豆だらけになるからです。

渡世上の明かり

「豆まき」は、季節の変わり目には邪気が生じる、と考えられていたことから、それを追い払うための悪霊払いに由来する、という説があります。

「上方いろはかるた」にある「鰯《いわし》の頭も信心《しんじん》から」というコトワザも、節分の夜、鰯の頭を柊《ひいらぎ》の枝に刺して戸口に置くと邪気を追い払うことができる、という風習から生まれたものです。

また、年の数だけ食べたりもする豆には、「魔滅（まめ）」ということから無病息災の祈りも込められています。

一方現代では、節分と同時期の受験生に、「キットカット」というチョコレートが好まれています。受験に「きっと勝つ」という祈りを込めてのことです。

これらを気休めに過ぎない、と考える人もいるでしょうが、気の休まらない生活よりも、少しでも気持ちの休まる生活を望みたいものです。

「痛いの 痛いの 飛んでいけ」というおまじないも、世界中に同じようなものがあります。

テレビの企業CM（ニプロ）では、「世界のおまじない」篇(5)として次が紹介され話題になりました。

●アルゼンチン（スペイン語）

「Sana, sana colita de rana, sino sana hoy, sanará mañana.

（治れ治れカエルのおしり。もし今日治らないなら明日治れ）」

●フィリピン（タガログ語）

「Aray aray umalis ka.（痛いの痛いのどこかいけ）」

●アメリカ（英語）
「Pain, pain go away, come again another day.
（痛いの痛いのどこかいけ。別の日に戻ってこい）」

●日本「痛いの痛いの飛んでいけ」

これらが似ているのは偶然かもしれませんが、そこには人の感情や感性によるところの必然性がある、とも考えられます。国や文化が違っても、人間生活に共通する、渡世上の明かりを人は求めるからではないでしょうか。

たとえば、「鰯の頭も信心から」というコトワザは、つまらないものでも、信仰の対象となればありがたいと思われるようになる、というたとえです。この言葉にも、人の感情や感性、生活などを捉える幅広さを感じます。そんなエピソードを一つ紹介します。

Quality of life（生活の質）

特養「虹の郷」に入居する横山勉さん（八十代男性）は、私が介護の職に就いたばかりの頃に出会った認知症のあるおじいさんです。

確かに、人の生活の中には、科学的には説明のできないことも、本人なりのこだわりも、縁起を担ぐこともあります。ともすると、本人でさえもハッキリと説明できないようなこともあるでしょう。

その代表者のような横山さんは、気が向いたときにだけ自分でトイレに向かいます。足を引きずるように歩くため、上履きのキュッ、キュッ、という足音に特徴があります。ワーカーは、それを聞くとトイレに向かう横山さんに駆け寄ります。もしも、このタイミングを逃した場合には、トイレ誘導の拒否や居室での放尿が待っていたりするからです。

それを避けようと何度もトイレに誘うと、今度はご機嫌を損ねます。

「ぶん殴るぞ。この野郎！」と迫られることもあります。

そんな横山さんが、自発的にトイレに向かう理由は排泄ではありません。真の目的は、トイレットペーパーの芯をコレクションすることなのです。

普段レクリエーションにも参加せず、あまり積極性を見せない横山さんですが、この趣味活動に関しては違いました。普段の様子からは想像できないほど、実に器用にトイレットペーパーの芯だけを抜き取ります。そして、骨抜き状態のフニャフニャになったペーパー部分をトイレに置き去りにし、コッソリと芯だけを居室の引き出しにしまい込むのです。

後日、横山さんの趣味活動がワーカー会議の議題に挙がりました。大量のコレクションの芯が居室の引き出しに収まりきらなくなったからです。溢れたゴミ箱のような状態に、不衛生との意見も出ました。

他の利用者からは、芯を抜き取られたトイレットペーパーが使いにくい、との声もあります。

そのため、衛生面と他者への配慮から、どうにか横山さんの収集をやめさせることはできないか、という話し合いが始まりました。

新人の私にも意見が求められたので、

「横山さんは時々引き出しの中身を確認しています。『いっぱい集まりましたねぇ』と声を掛けたら、ニッコリとされていました。知らないうちに処分されたら、きっと不安になると思います」

と答えました。

しかし、引き出しに入りきらないゴミを増やしてどうする、との反対意見も少なくありません。

話し合いが膠着する中で、ベテランワーカーの田仲恵子さん（三十代女性）がアイデアを出しました。

「横山さんにとっては、芯を集めることで何らかの安心感につながっていると思えるわ。できるだけ、その趣味は続けてもらいましょうよ。

その代りに、増え過ぎないように、また、不衛生にならないように、汚れているものを確認し毎日定期的に回収しましょう。

それと、予備のトイレットペーパーを利用者の手の届く場所にたくさん置かないようにする。この案はどう？」

集めたペーパーの芯をゴミとして、捨てるか、捨てないか、白黒ハッキリさせようと議論する中で、田仲ワーカーの提案は一味違いました。白か黒か、ではなく、ブラックコーヒーとミルクを混ぜ合わせるようなそのアイデアに、一同は賛成しました。

田仲ワーカーの言葉を振り返ると、私はグリコ乳業の「カフェオーレのうた」というＣＭソングを思い出します。「白黒つけないカフェオーレ」という歌詞が印象的です。

〈白黒つけないカフェオーレ〉とは、「白黒つける」という慣用句の反対側に位置する現代のコトワザではないでしょうか。

衛生面や他の利用者からの苦情だけを見ていたのでは、田仲さんのカフェオーレ的アイデアは生まれなかったことでしょう。援助者の眼差しが横山さんに向けられるのか、他に向けられるのかでその後の介護の方向性も変わっていたはずです。

そんな横山さんですが、トイレットペーパーの芯に情熱を傾けている間は、生活にハリのようなものがあったように感じます。時々コレクションを眺めてはニッコリと笑顔も見せてくれました。また、トイレ誘導のチャンスも多くありました。

しかしその後、次第に認知症の症状が進行すると、コレクションへの情熱も冷めていきました。すると、笑顔も、居室から出ることも、少なくなっていきました。

加齢による機能変化や認知症の進行もありましたが、もしも、横山さんの行動を「不潔行為」や「収集癖」という決めつけだけで見ていたら、それらの進行速度をもっと加速させていたのかもしれません。横山さんのＱＯＬ（生活の質）を低下させていただろう、と思うのです。

「鰯の頭も信心から」には、鰯の臭いだけではなく、科学や理屈だけでは割り切れない人間臭さも感じます。

横山さんがなぜペーパーの芯を集めるのか、その答えに辿り着いたワーカーは誰一人いませんでした。

ただ私は、横山さんが登山家のような気持ちだったのではないか、と想像しています。

「なぜあなたはエベレストに登りたいのですか？」という問いかけに、

「Because it's there.（そこにあるから）」と答えたジョージ・マロリーのように。

「科学的根拠」に基づいて介護を捉えようとする姿勢はもちろん大切です。

しかし、生身の人間は、科学以前の前科学も、科学以外の非科学も、上手くブレンドしながら、生活を味わい深くしているのではないでしょうか。

そして、科学的根拠があるかどうかだけで、良し悪しを判断するよりも、〈白黒つけないカフェオーレ〉的な視点や視野を持つ方が、援助者にとって「鬼に金棒」だと思うのです。

2.「人柄」と「間柄」

習うより慣れよ

見習いの新人ワーカーは、先輩に同行して、仕事を覚えていきます。無資格・未経験のアルバイトとして働き始めた私は、お年寄りとの関わりに不慣れでしたので、見学を通して、施設や介護、利用者にまずは慣れよ、という扱いでした。

そんな中、いわゆる寝たきり状態にある人のオムツ介助を初めて見学させてもらいました。介助手順や注意点を教えてくれたのは、森美咲ワーカー（二十代前半の女性）です。

彼女は「ギャル」という形容がピッタリのファッションセンスの持ち主ですが、高校時代のボランティア体験から介護福祉士を志した、というしっかり者です。

四人部屋のプライベートカーテンを閉めると、排泄臭がハッキリと感じられました。人様の排泄場面に立ち会うことが申し訳なくて、私は自分の気配を消すことに精一杯でした。

目の前のおばあさんには多量の下痢便が出ていました。予想していたこととは言え、白いオムツに茶色い液状のものが溢れる光景は、介護初心者の私にとって衝撃的でした。便臭も下剤の影響なのか、独特に思えました。きっと私は青白い顔をしていただろうと思います。

ところが、森ワーカーは顔色を変えず、微笑みを崩すこともありません。下剤の効き過ぎでお腹は痛くないか、痒いところはないか、と優しく声を掛けながら、シャワーボトルのお湯で陰部を洗浄しているのでした。介助の合間に後輩の私に指導もしながら。

「しわの間まで綺麗にするんだけど。拭き取るときの力加減には気をつけてね。強過ぎると皮膚が赤くなるから」

テキパキ説明したかと思えば、すぐまた利用者に親しみのある声を掛ける。指導者と介助者のスイッチを見事に切り替える彼女に、さすがはプロだ、と感心しました。

そのすぐ後に、私は森さんと昼の休憩に入りました。社員食堂に入ってみると、白いご飯の上に、茶色い液状のカレーが盛られています。

初めてオムツ介助を見学した私は、その直後になぜカレーライスを食べなければならないのか、と絶句しました。

しかし、それ以上の衝撃が待っていました。私を挟んで、両隣の森ワーカーと看護師が、食事の真っ最中に、先ほどの女性利用者の下痢便と下剤の効き具合について検証を始めたからです。あろうことか、カレーライスを食べながら。

さすがはプロですね、と言うべきなのかもしれませんが、私には理解不能でした。

とは言え、一ヶ月もすると、そういう状況にも適応できるものです。これから介護の仕事に就こうか、とお考え中の皆さん、心配はご無用。「習うより慣れよ」です。ただあまり慣れ過ぎて、プライベートでも食事中に排泄の話題をするようになると、同僚は見逃してくれても、家族や友人にはドン引きされるのでご注意ください。慣れとは恐ろしいものでもあります。

トイレ誘導

排泄介助にはトイレ誘導もあります。誰でもこんな経験をしたことはないでしょうか。駅のトイレで入りたくても、満員で順番を待つしかない。自分の我慢にも限界があるのに、なかなかドアが開かない。ドアの前で冷や汗をかいたという経験です。切羽詰まったときほど、ドアが開いただけでありがたい気持ちになります。

もし、利用者自身がこれに似た状況にあり、切羽詰まっているとするのなら、トイレ誘導の介助を行う介護職はとても感謝されることでしょう。

我慢の限界を計り知る感覚と介助のタイミングが、「渡りに船」というように合うからです。

この場合は話が早い。

しかし、尿意や便意が無いに近い利用者の場合は、そう簡単な話ではありません。

新人の頃、私にとって最も手強い相手が、国松徹さん（七十代男性）でした。認知症はあるが、会話の理解やコミュニケーションは可能です。仲の良い同室者からは「よっ、風来坊！」とよく声を掛けられて、ニッコリと表情を緩めるおじいさんです。

しかし、人の好き嫌いがハッキリと態度に出る人でもありました。

歩行は手を引く介助があれば、百メートル以上は歩けますが、自発的に歩くことはほとんどありません。そのため、転倒の心配も少ない。普段は無口で、どことなく「風来坊」という表現がしっくりとくる二枚目。女性ワーカーの間では、「国さん」という愛称で親しまれている方でした。

日常生活全般に意欲の低下が見られ、一日中食堂の同じ席で過ごしていることも珍しくありません。

ある日、おやつの前に食堂にいる利用者数名のトイレ誘導を私一人で担当しました。食堂を見渡したところ、国松さんのテーブルの下に水たまりができていました。お茶でもこぼしたのだろうか、と近づくと、国松さんの衣類は股間の周辺だけが濡れていました。そこでようやく失禁だと気がつきました。

床は濡れると滑りやすいため、すぐに雑巾で拭きます。他者とのトラブルを避けたいと考えた私は、国松さんから先にトイレ誘導をすることにしました。

「おトイレに行きましょうか。国松さん」

無言の国松さんに、聞こえなかったのだろうか、と更に声を掛けます。

「そろそろ、他の人も食堂に来ますし、お願いします。おトイレに行きましょう」

それでも、国松さんからの返事はありません。

「このままだとお尻も冷たいし、お腹も冷えますよ。新しいズボンに履き替えた方がさっぱりします。ねっ。だから、行きましょう」

と私から手を差し出したところ、

「うるせえな」

と手を払いのけられ、睨み返されてしまいました。この反応はまったくの予想外でした。

「うるさく言ってごめんなさい。国松さん。でも、この席は他の人の席です。その人がもうすぐここに来ます。その前に席を空けてくれませんか？」

「うるせえって、言ってんだろうが」

舌打ち混じりで言われたものですから、正直私はむきになっていました。わかってもらえるまで説得するしかない、と。

しかし、国松さんは「動かざること山の如し」。時間が過ぎるばかりでまったく成果はありません。私の焦りは苛立ちに変わっていました。それを悟られぬように、丁寧な言葉で誤魔化そうとしますが、国松さんには伝わってほしいものが伝わらず、伝えたくない感情だけが伝わってしまいました。

結局、三十分以上も意地を張り合う冷戦状態になりました。

そこへ、オムツ介助を終えて先輩たちがフロアに戻ってきました。

「えっ。何？まだ誰もトイレ誘導できてないの？こういう場合は誘導しやすい人からドンドン誘導するんだよ」と、先輩がストレートに言うのは当然です。やることはたくさんあるわけですから。

私は、自分の要領の悪さが情けなくなりました。

後から来た森美咲ワーカーが気まずい空気を察知したように、努めて明るく国松さんに声を掛けます。語尾にハートマークを付けたように。

「国さん、行きましょう♡」と。

するとと、険しい国松さんの表情はみるみるうちに笑顔に変わっていきます。森ワーカーは魔法の呪文のように、たったの一言で国松さんの警戒心を解いたのです。それればかりか、そのまま、国松さんと腕を組んで歩き出していました。

私には、二人の後姿がデート中のカップルのように楽しそうに見えました。完敗です。私は自分の未熟さを痛感しました。

冷静に振り返ると、いくら正当性があるようにこちら側が思えても、その正当性を相手側と共有できなければ、それは余計なお節介にしかならない、とわかります。

科学的な視点で言えば、失禁で濡れた衣類でいることは、衛生的ではありません。体温の低下も身体の不調の誘因となります。

また、床が濡れているると転倒のリスクも高まります。そうした科学的根拠に基づく、論理的な説明も私は国松さんに対して行いました。しかし、です。

国松さんが選んだのは森ワーカーでした。どこに行くのかということさえ気にならないほどの森さんの人柄とそれによる間柄が、トイレへの誘導を可能にしたのです。

もし仮に、トイレ誘導の介助マニュアルを作成するとしましょう。その際、森ワーカーの介助手順を追うように文章化したとしても、それを誰もが再現できるでしょうか。

次は、池上彰さんの『はじめてのサイエンス』からの引用です。

「仮説と検証を繰り返して、真理に少しでも近づこうとすることが科学という営みなのです。（中略）**ただし、仮説を検証する段階では、一人だけが実験に成功しても、その仮説は認められません。逆に言えば、誰でも同じ手順にもとづいて実験をすれば、同じ結果が出なければいけないのです。ですから『STAP細胞はあります』と言っても、世界中の学者が実験してみて再現できなかったら、その仮説は間違っているということです。」**(6)

このように再現性による実証がなければ、「科学的」な捉え方とは認められません。この点からみても、「科学的」な視点ばかりを強調し、それに偏るのは、生活や介護をかえって見えづらくするのではないか、と思えるのです。杓子定規な論理ばかりではなく、感性的な論理もなければ、介護は何とも味気ないものになってしまうのではないでしょうか。

たとえば、英語のコトワザには、

「Reason rules all things.（道理はすべてを支配する）」がありますが、必ずしもそうと言えるでしょうか。

道理だけでは割り切れない感情もあります。だから私は、先の反省を踏まえてこういう創作コトワザを対局に置きたいと思います。

〈道理のゴリ押し 錠《じょう》（情）は開かぬ〉

3．お互い様

鏡に映るもの

先の国松さんのトイレ誘導に失敗した直後、利用者はワーカーを選ぶものだと実感しました。正直なところ、私は反省以上に落ち込んでいました。

気を取り直して、二階の居住フロアから一階の風呂場に杉浦あや乃さん（八十代女性）をエレベーターで誘導しました。

「おばあちゃま」とも呼ばれる杉浦さんは、以前はお孫さんと二人暮らしをされていました。家庭の事情により、幼少のお孫さんを引き取り、以来ずっと親代わりとして大事に育ててきたおばあちゃまでした。

お孫さんは三十歳くらいの好青年です。ひ孫の顔を見せに面会によく来られます。杉浦さんにお孫さんの話をすると、「あの子は本当に優しい子だよ」といつも笑顔を見せてくれます。杉浦さんはお孫さんが成人した後から徐々に認知症が進み、足腰も弱くなり、「虹の郷」に入居された方でした。

施設のエレベーター内には大きな鏡があります。車いす利用者がバックで出るときに他者とぶつからないためのバックミラーです。その鏡を杉浦さんはじーっと見ています。先ほどのトイレ誘導の失敗で落ち込んだ私の顔が映っていたからでした。鏡越しに目が合うと、杉浦さんが声を掛けてくれました。

「どうしたの？　お兄ちゃん、誰かにいじめられたんかい？　誰だい？　悪い奴だねぇ。そいつをおばあちゃんのところに連れといで。おばあちゃんがそいつを叱りつけてやるから。辛かったんだろう」

杉浦さんが心配して掛けてくれた言葉が身に染みました。どういうわけか、抑え込んでいた感情がこみ上げ、涙が溢れてきました。

「僕はいじめられたわけじゃないんです。自分が生意気で情けない奴だから悲しい気持ちだったんです。でも、杉浦さんに助けてもらいました。もう大丈夫です」

「本当かい？　お兄ちゃん。まだ泣いてるねぇ」

おばあちゃまの気持ちが嬉しいから涙が出るのだ、と伝えました。

「人は自分を映す鏡」とも言いますが、逆に相手が自分に映り影響を受けることもあります。私は杉浦さんを見て自分も見習おうと思いました。

このエレベーターの鏡に映った私は杉浦さんにとってはお孫さんと重なったのかもしれません。私もまた、今は亡き母と杉浦さんとを重ね見たのかもしれません。介護は、人に何かしらの援助を提供するサービス業だと、どこかで思っていました。

しかしそれは、私にとっては間違いでした。

助けたり、助けられたり、

映し合い、影響し合う関係、

お互い様の関係、お互いに認め合える関係、

間柄を大切にしようとすることが、介護というものの大きな杜だと思うからです。

4．瞬間共同体

ホンモノの涙

利用者数名を連れて皇居に外出したことがありました。

車いす対応のリフト付きワンボックスカーに乗る利用者の一人大森サエさん（八十代女性）には認知症があります。普段から陽気な性格で鼻歌を元気に歌われる方です。

行きの車内では、皆と一緒に「君が代」を歌い、涙を流されていました。そして、江戸城の頃からある堀が見えると「万歳！」と両手を挙げて喜ばれてもいました。

現地で食べる松花堂弁当と少々の散歩を楽しみ、帰路につきました。もうすぐ施設に到着という頃、ワーカーの一人がサエさんに声を掛けました。

「今日は楽しかったですねぇ」と。

しかし、サエさんはきょとんとした顔で「何が？」と答えます。皇居に行ったことも、車内で皆と歌った「君が代」のことも覚えていないのでした。

このことを師である植垣一彦氏（看護師養成校や看護教員・介護教員養成校等で「認識論」の講師を務める）に話したところ、

「たとえ記憶として残されていなくても、そのおばあさんが車内で『君が代』を歌い流した涙は本物ですよ。本当に感動して流した涙です。だから、一緒に味わった時間や空間、一体感は、いわば『瞬間共同体』

だったんですよ」

と返ってきました。

小さな声

石井利子さん（八十代女性）は、もともと陽気で冗談も言い合えるほどの仲良しのおばあさんでした。私に子どもが生まれ、お食い初めの記念写真をプレゼントしたことがありますが、それを時々引き出しからそっと出して居室で一人眺めている姿を何度か見たことがあります。自分のひ孫を見るような気持ちで見てくれていたのかもしれません。

その石井さんですが、徐々に妄想のような言動が増え始め、時には、「龍神様が見える」と怯え、時には、車いすから降りてテーブルの下に潜り込むような姿も多く見られるようになりました。

そんなとき、私にできることは床に頭をぶつけないように保護することくらいでした。説明しても説得してもその行動は止められないからでした。

受診後、「統合失調症」との診断を受け、服薬による治療と定期的な受診が始まりました。そして、日常生活の観察強化を図りながら、内服薬を調整していくことになりました。

しばらくして、石井さんの不思議な言動は少なくなっていきました。しかし同時に、表情も少なくなっていきました。以前のように私と話をすることもなくなり、日によっては食事中も眠ってしまい食べることがない日もありました。それほど、服薬のコントロールは簡単なことではありませんでした。

ちょうどその頃、私は四月の行事担当になり、誕生会をカラオケ大会で盛り上げようと準備をしていました。とにかく楽しく、少ない予算でも工夫して手作りのあたたかい誕生会にしたい、と思っていました。

好きな花が「菜の花」で、好きな歌が「朧月夜《おぼろづきよ》」という誕生者のおばあさんには、私がバイク通勤する川沿いに咲く菜の花を朝摘み、花瓶に生けて、それを眺めながら、

菜の花畠《ばたけ》に　入日薄れ
見わたす山の端《は》　霞《かすみ》ふかし
春風そよ吹く　空を見れば
夕月かかりて　におい淡《あわ》し

（「朧月夜」作詞 高野辰之　作曲 岡野貞一）


と、お年寄りとワーカーが一緒になって歌と花をプレゼントしました。

また、普段は車いすのため、立ち姿をあまり見ない大人しいおばあさんが、カラオケ大会では自らシャキッと立ち上がり、片手で車いすにつかまり、もう片方の手でマイクを持って熱唱してくれました。

おかげで、旅芸人一座のように会が盛り上がりました。

フィナーレを飾るのは、当時流行っていた「マツケンサンバⅡ」です。その振り付けを、車いすや椅子に座った状態でも踊れるようにアレンジし、盆踊りのように皆で踊りながら歌いました。

松平健さんのような金色スパンコールの着物は値段が一万円以上もしたため、完全に予算オーバーでした。そこで、ネットオークションで演歌の大御所を思わせるメタリックブルーのド派手な着物を千円で落

札しました。出品者に、落札できた喜びと使い道についてメールしたところ、桜色の着物を無料でもう一着付け加えてくれました。

着物に添えられた手紙には、

「私の母も介護施設で暮らしています。そのため、着物の使い道を知り、間接的にでもお役に立てればとお節介ながら着物を追加させて頂きました。この着物を着て踊る滝北さんたちに喜ぶお年寄りが見えるようです。ご活用頂けたら幸いです。」

と記されていました。利用者家族の思いを感じるお手紙です。ご厚意に甘え、精一杯のお祝いと感謝を込めて誕生会を進行しました。

お祭り騒ぎの行事が終わり、静かになった食堂の片づけを私はしていました。自身のリズム感の悪さに、もっと上手に踊れたら良かったんだけどなぁ、と反省しながらテーブルを拭いていると、そのテーブルにいた石井利子さんの声が聞こえてきました。とてもとても小さな声でしたが、私に届いた言葉です。

「滝ちゃん。今日のは良かった。良かったよ」

久しぶりに石井さんの声を聴かせてもらいました。

実は、誕生会の最中も、石井さんがまったくの無表情のように私には見えていました。笑顔も拍手も見られませんでしたが、それでも石井さんは私たちを見てくれていました。病気や薬の副作用と闘いながら。外側からはわかりにくいだけで、実はちゃんと見てくれていたんだなぁ、とありがたい気持ちになりました。

私は、人一倍の音痴です。リズム感もダンスの覚えも悪いです。花も花屋で買ったものではありませんでした。だけど、一生懸命に伝えたい思いはお年寄りたちに受けとめてもらえたのではないか、と思っています。

介護という表現は、絵画や彫刻のように形として残る作品ではありません。時には記憶にも残されないことがあります。そのように、目に見えにくいところが評価の難しさともつながっているのでしょう。

しかし、大森サエさんが車内で「君が代」を歌い流した涙も本物であり、石井利子さんと心持ちを伝え合えた瞬間も本物です。そのような瞬間を一緒に味わえたこと自体に意味があります。形に残すものだけが意味のあるものとは限りません。

だからこそ、一緒に味わえる時間や空間、そのときの一体感——そんな体験のできる「介護」という営為を、**「瞬間共同体」**として捉えてみたいのです。

第Ⅰ章の参考・引用文献一覧

●参考文献

(1) 庄司和晃（１９８９）『認識の三段階連関理論（増補版）』、季節社

(3) イタリアの味噌汁・ミネストローネ！【スープ大辞典】、http://www.soupedia.com/recipe/minestrone/ （最終検索日２０２１年10月18日）

(4) 株式会社ＦＯＶＥ「ＣＳＲプロジェクト」、Hug Project http://test.a-n-t.jp/hug/ （最終検索日２０２１年10月18日）

●引用文献

(2) 『広辞苑 第六版（新村出編）』、岩波書店

(5) ニプロ株式会社「ニプロのＣＭ」、「世界のおまじない」篇、https//www.nipro.co.jp/public/cm/ （最終検索日２０２１年10月18日）

(6) 池上彰（２０１６）『はじめてのサイエンス』、16～17ページ、ＮＨＫ出版

第Ⅱ章　「介護」と「認識論」

第1節　広く深く認識するために

1．符号のような言語

現代は、メールやライン、ブログ、インスタグラム等々……、伝達手段が多様化しています。スマートフォンを指でなぞるだけで、いとも簡単に情報を入手できます。

しかし、「情報」の交通が加速する中で、「心」の交通が置き去りにされてはいないでしょうか。

介護実習生の長野孝太君もそんな印象を覚える一人でした。

介護福祉士を目指す彼は、介護の臨床でよく使われる専門用語を養成校で習ってから、特養「虹の郷」にやって来ました。

長野君は、四週間ある実習の初日に私に付きます。

おやつまで少し時間があったので、彼には、食堂にいる利用者と一緒にレクリエーションに参加してもらうことにしました。

お年寄りたちから春の思い出を聴きながら、「早春賦」や「隅田川」などを歌います。とても和やかな雰囲気でしたが、途中から町田ツネさん（八十代女性）が、指にツバをつけてテーブルをゴシゴシと拭き始めました。町田さんは、アルツハイマー型認知症の症状が進んでいて、言葉が不明瞭で会話の成立が難しい方です。

同席した一人の男性利用者が、手で「あっちに行け」という仕草で町田さんを追い払おうとしました。

それから、町田さんは落ち着かなくなり、施設の外に出ようと歩きまわる姿がしばらく見られました。

その日の夕方、長野君の実習時間が終わりに近づいたところで、私から彼に、今日のところで何か質問はないか、と尋ねました。

すると彼は、

「町田さんとは意思疎通ができませんでした。町田さんはいつも不穏になると徘徊や帰宅願望が見られるのですか？」

と言うのでした。

「徘徊」は、「目的もなく、歩きまわること」などの意味を持つ言葉です。

私には、彼の言う「不穏」や「徘徊」、「帰宅願望」が、辞書をなぞるだけの、符号のような言葉に感じました。

町田さんのことをよく知らないのに、勝手な見方はやめてほしい、という気持ちから、ついムキになって言ってしまいました。

「実は、『不穏』も、『徘徊』も、『帰宅願望』という言葉も、私はなるべく使わないようにしています。自分が人からそんな風に言われたら嫌ですから」と。

真面目な長野君は、実習に来たばかりでまだまだ緊張していただろう、と思います。それなのに、急に私が強い口調で注意するような言い方をしたものですから、さぞかしビックリしたはずです。彼には悪いことをしてしまいました。

私が言いたかったことは、長野君に限らず、私たちはいつも対象を正しく認識できているのか、ということです。

「勝てば官軍、負ければ賊軍《ぞく》」というコトワザもあります。この意味は、強い者や最終的に勝ったものが正義とされることのたとえです。優位に立つ側の認識が事実とされることを皮肉る場合にも用いられる言葉です。

私たちが、事実として捉えている事象も、振り返ることがなければ、認識の誤りや不足に気がつきません。援助者本位の捉え方になっていることさえも、です。

実習生の長野君に、私の本意を伝えたくて、

「町田さんを意思疎通ができない人だと思いますか？」

と声を掛けた後、お花見行事での出来事を話しました。

2. お花見の話

町田ツネさんの隣部屋の里中トミさん（九十代女性）は、手足を動かすことも、首を動かすこともできません。声を出すことも、口から食べたり、飲んだりすることもできません。

だけど、口腔ケアの際、歯ブラシを口に近づけると、グッと睨みつけるような目をされます。歯のブラッシングが嫌なのだと思います。あれは意思表示です。

私がお花見の行事を担当したときの話です。

参加希望者は全員花見にお連れしよう、と計画を進めました。

利用者全員に「お花見に行きますか?」と声を掛けて回り、ベッド上で仰向けに休んでいる、里中さんにも声を掛けました。その際、ハッキリと「行く!」という目をされました。口腔ケアのときとは、また違った目力を感じました。

お花見の場所は、車で十分くらいの近所の公園です。二台のリフト車をピストン運航して、約五十名の利用者を、午前と午後に別けて送迎します。体力的な負担を考えて公園にいる時間は二十~三十分。ちょうど施設と公園を車で往復するくらいの時間です。

前日まで大雨だったのですが、当日は晴天に恵まれました。

里中トミさんは、胃ろう(管を通して胃に栄養分を入れる人工的栄養補給法)のため、ベッド上で過ごす時間が多く、体力面を考えると移動できる時間は限られていました。そのため、午前中で一番温かい時間帯で公園に来てもらいました。

小高い山の上にある公園は、入口近くにベンチ、その奥に木馬の遊具があります。広場のような場所を挟んで奥側に桜の木々が、ピンク色のカーテンのように広がっています。

前日の雨で地面がぬかるんでいたため、ほとんどの方はセメントで補装されたベンチのある所から満開の桜を眺めました。

しかし、里中さんだけは、皆のいる場所からでは桜が見えませんでした。背もたれが、二十~三十度に傾いたリクライニング型の車いすで、座っているというよりも仰向けに近いため、ほとんど真上しか視界に入らないからです。

足元が泥だらけになるので、私と里中さんの二人だけで桜が見える場所まで木に近づくことにしました。アディダスのスニーカーの三本線が泥で見えなくなるくらい、ぬかるみに足とタイヤを取られながら移動します。ようやく里中さんが桜を見ることができたのは、木の真下でした。

今でもよく覚えていますが、私も里中さんの顔のすぐ横で天を仰ぐように眺めました。満開のソメイヨシノの隙間から青い空が透けて見え、淡いピンクの蝶たちがひらひら舞うように、花びらが顔の上に落ちてきました。思わずハッとしました。

すぐ真横で、「うわぁぁ。綺麗」という里中さんの思いが聴こえてきたからです。声ではなく、気持ちの波動として伝わってきました。「思い」は、にじみ出るものです。あらためてそう思います。

里中さんに「一緒にこの桜を見られて僕も同じ気持ちです」と言葉を掛けました。「瞬間共同体」という思いで。


長野君に信じてもらえるかどうかはわかりませんが、そんな話をしました。その理由は、里中トミさんも、町田ツネさんも、関わる人が「意思疎通不可」と決めつければ、二人とも孤立の部屋の中に閉じ込められてしまう、と思うからです。その部屋の扉は、内側からでは開けにくく、外側にいる人が気づこうとしなければ、簡単に閉じられてしまうのです。

「不穏」のように見えた様子も、町田さん本人からすれば、「不安」の表れなのかもしれません。

「帰宅願望」も同様です。私たちは仕事が終われば、帰宅したいと思います。その場にいる理由がなければ、誰でも帰りたい気持ちになります。見当識（時間、場所、周囲の人、状況などについて正しく認識する機能）の低下する人であれば、尚のこと不安に思うでしょう。「徘徊」というけど、目的もなく歩きまわっているわけではなくて、自分が安心できる場所に帰りたいから歩いていたのだと思います。

3．介護実習生と町田さん

黙って話を聞いてくれていた長野君に、私は最後にこう付け加えました。「町田さんは優しい人です。じっくり関われればわかります。町田さんがどんな人か、以前どんな仕事をしていたのか、家族との関わりを知りたいなと思ったら、ケース記録（日々のケアの積み重ねを記録したもの）も見せることができますよ。もちろん、守秘義務はありますけど」と。

そんな長野君でしたが、四週間の実習も終盤を迎える頃には、町田ツネさんとの関わりを深めていきました。そして、実習の最終日に彼からこんな報告を受けました。

町田さんと一緒に食堂のテーブル拭きをしたという内容です。言葉の説明だけでは伝わりにくい町田さんに、身振りを交えて一緒にテーブル拭きを始めたものの、町田さんは途中で自分が何をしているのかがわからない様子だったそうです。その都度、長野君は自分が拭き掃除する様子を見せて、一緒に最後までテーブルの拭き掃除ができた、と嬉しそうに話してくれました。

長野君は、町田さんが長い間、学生食堂で働いていたことを知り、テーブルの傷にツバをつけて拭こうとする癖も傷がゴミに見えるからだろう、と職歴と関連づけていました。

目では見えているのに、その対象が何かわからないようなことを「失認」と言います。

その場合、その人がどのように捉えているのかを理解しようとすることが大切です。彼は、それに気づき町田さんと一緒に拭き掃除をしたい、と思ったそうです。

町田さんは、会話によるコミュニケーションは難しいですが、場の雰囲気や相手の表情を敏感に感じ取る方です。そのため、周囲の関わり方が、安心にも、不安にも、影響します。

長野君と町田さんとの関わりの変化は、町田さんがどうして不安になるのか、帰りたい気持ちになるのかをわかろうとする彼の気持ちが、町田さんに伝わったからではないでしょうか。意識的なものも、無意識的なものも含めた表現として。

第2節　「介護」と「認識の三段階連関理論」

1．認識の三段階連関理論

なぜ認識の理論を用いるのか。その理由は、介護の持つ妙味をより深く味わうために、です。既述のとおり、「老い」や「介護」に対する認識を広め、深めて、誰もが通るであろう「老い」という道に〈明かり〉を灯したいからです。

先にも、庄司和晃氏の認識の理論に簡単に触れていますが、ここではもう少し詳しく取り上げます。少しだけ理屈っぽい話になりますが、「介護」をより深く捉えるために、お付き合いください。「急がば回れ」とも言います。

たとえば、「信号機」を対象とした場合、私たちは横断歩道の手前で、赤・青・黄の色を感じ取り識別します（感覚でわかる）。

また、横断歩道を渡る途中で黄色信号になれば、「注意一秒　怪我一生」などのコトワザが思い浮かぶ（イメージでわかる）こともあるでしょう。

「赤色は止まれ」「青色は進め」「黄色は注意」という意味を理解しているからこそ、安全に道路を渡る判断ができるわけです（理屈でわかる）。

このように「感覚でわかる（感じること）」「イメージでわかる（思うこと）」「理屈でわかる（考えるこ

と）」の三段階の認識で対象を捉えています。

仮に、交通事故になりそうなヒヤリとした経験から「安全第一」と考えるとすれば、それは「感覚でわかる」段階から「理屈でわかる」段階への移行です（のぼり）。

もしも、「安全第一」と理屈でわかっていながら、ついうっかり「赤信号皆で渡れば怖くない」と思うとすれば、「理屈でわかる」段階から「イメージでわかる」段階への移行です（おり）。

また、「赤信号皆で渡れば怖くない」と思っていた人が、やっぱり「注意一秒怪我一生」だ、と思うとすれば、「イメージでわかる」同じ段階間の移行です（よこばい）。

このような各段階間の移行により、認識が広がり、深まるという理論が庄司和晃氏の「認識の三段階連関理論」です。

抽象化する方向を**「のぼり」**、
具象化する方向を**「おり」**、
同じ段階間の移行を**「よこばい」**としています（図C）。

対象と認識と表現の関係

横断歩道を渡る際、私たちは信号機という対象を認識し、「立ち止まる」「渡る」「急いで渡る」などの

【図C：認識の三段階間の移行】(7)

ように反応しているわけです。反応とは、言動や表情などによる表現とも言い換えられます。

しかし、私たちは信号機という対象を見たことがあるとしても、世界中の信号機をすべて知っているわけではありません。また、外側から見たことはあっても、分解して内部構造を完璧に把握しているわけでもありません。

毎日のように目にする信号機という対象でさえも、私たちはすべてを完全に認識しているわけではないのです。もし仮に、対象が目に見えない「人の心」だとしたらどうでしょう。言うまでもありませんね。私たちは自分の心の中でさえも完全に認識しているわけではないのです。

そして、それを表現することは、対象を認識すること以上に難しいのです。

たとえば、自分の胸の内を他者に余すところなく伝えることが難しいようにです。

つまり、対象を認識し尽くすことも、また、表現し尽くすこともできない、というわけです。

このような対象と認識と表現の関係を図にすると、下の「図D」

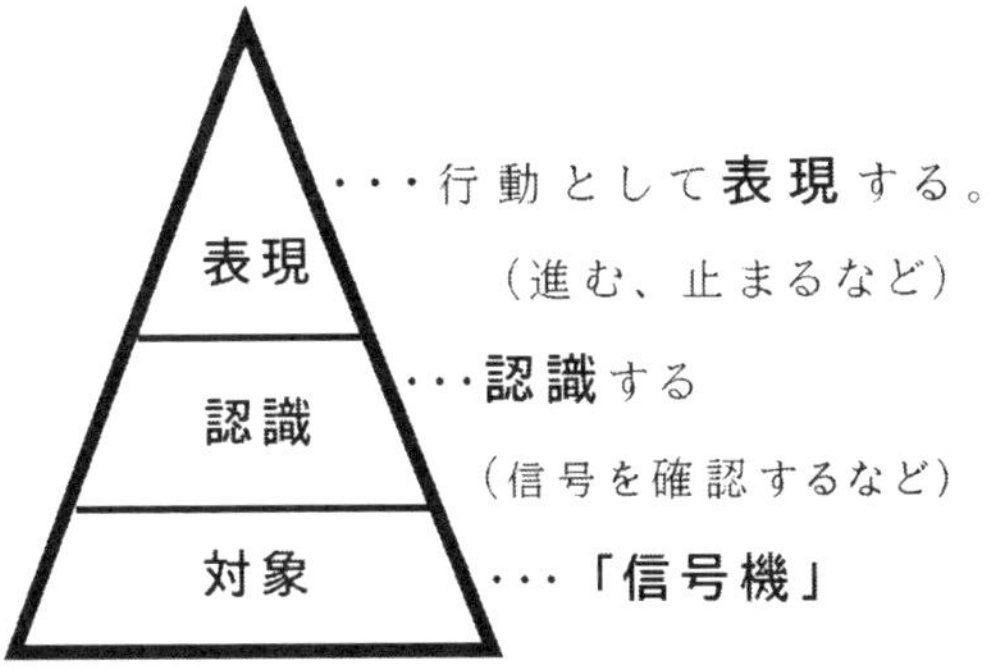

【図D：「信号機」を例に、対象と認識と表現の関係を表す】(8)

のようになります。
ピラミッド型の図は、対象は無限にあり、それに比べて認識は有限。認識に比べて表現もまた有限である、という意味合いのものです。

なぜ介護を捉えるために認識の理論を用いるのか。その理由は、介護という営みが、目で捉えられない「心」や、言葉で語られない「胸の内」などを対象に含めるものだからです。

だからこそ、三段階間で認識の行き来が活発になるように、「頭の中の目」と「心の目」を働かせてみたい、と思うのです。その意味で本書は、介護の認識論と言えます。

2.「頭の中の目」

前述した認識の在り方を発見した庄司和晃氏は、「頭の中の目」について、**「法則そのものは目に見えるものではない。われわれの頭脳活動によって認識するものであるから、この活動を『頭の中の目』で見ると言い換えた方がよいかも知れない。」**(9)と述べています。

簡単に言うと、目で見たり、触って確かめることのできない法則や理屈、意味のような世界を見る目とも言えるでしょう。

たとえば、私たちはすべてを経験し感覚的に認識し尽くそうとしても不可能です。地球の北半球にある日本でのクリスマスは冬ですが、南半球では夏です。それを感覚的に理解するために、十二月二十五日に地球の裏側まで移動しなければならないのであれば、人生はあまりに時間が短か過ぎます。

しかし、それを補いたいから、心を動かし、想像力やイメージを働かせて「頭の中の目」で見ようとするのです。

対人援助には、そのような目が特に求められます。

その理由として、次が挙げられます。

たとえば、三十歳の人が九十歳の高齢者を感覚的に理解するためには六十年の歳月を要します。足を怪我した人を背負い階段を上る援助者が、同じように足を痛めているとすれば、共感的な理解はしやすいですが、階段を上る介助においては危険です。

また、精神的にも苦境に追い込まれた対象者が、相談相手の援助者に対して、「あなたには私の気持ちはわからない」と言えば、確かにそのとおりなのです。

庄司氏の認識の理論を借りれば、

「対象を認識の中に解消し尽す（原文ママ）**ことはできない。同じく、認識を表現の中に解消し尽くすこともできない。」**[(10)]ということになります。

たとえそれが、悩みや不自由さを抱える対象者の気持ちや痛みであっても、神ならぬ身の私たちには、対象をすべて完全に認識することも、認識をすべて完全に表現することもできないのです。だからこそ、「頭の中の目」を働かせて少しずつでもそれらの不足を補いたいのです。

3.「心の目」

私の考える「心の目」とは、次のようなものです。

たとえば、「傾聴」という言葉があります。「耳を傾けて聴く」という意味ですが、それは、単に耳に音が入り感覚的に聞くということではありません。そこには、「心の目」で捉えるという意味合いがあると思えます。

「聴」という文字を分解すると、耳に「心の目」を十《プラス》する、ともなります。

前述したお花見での里中トミさんとの体験もそれでなければ、説明のできない話です。

私の考える「心の目」について述べるためにもう二つ例を挙げます。

不思議な予言

ワーカー会議でカフェオーレ的提案をした田仲恵子さんとのある夜勤での話です。

午前零時から二時までの時間帯で、田仲ワーカーが先に仮眠に入ります。その直前に、彼女は私に細かな指示を与えます。

「今から、仮眠に入らせてもらうけど、二〇二号室の大西彦蔵さん（九十代男性）の部屋からたぶん一時頃ガタガタと音がすると思うの。そしたら、すぐに様子を見に行ってね。

大西さんがトイレに行くと思うから。

昼間は一人でトイレに行っているけど、夜中だと寝起きでふらつくかもしれないから、念のため見守りお願いね」

そう言って田仲さんは仮眠室に入っていきました。

私は反射的に「わかりました」と返事をしましたが、後になって不思議に感じました。

午前一時を二十分くらい過ぎた頃、二〇二号室の方からガタッと音がしました。見に行くと、大西さんが車いすに乗り移ろうと、ベッドから足を下しベッド柵と車いすの肘掛けに手を掛けているところでした。

予言の的中に驚きました。田仲さんは、どうしてこれほど正確に言い当てられたのでしょうか。

一ヶ月分の排泄表を遡るようにめくってみました。大西さんのトイレに起きる時間帯が決まった行動パターンによるものか、確かめるためです。

しかし、毎晩同じ時間帯にトイレに行くようなことはありませんでした。夜中に一度か二度トイレに行くことは確認できたものの、時間帯はバラバラです。

なぜ、その夜その時間にトイレに行くことがわかったのでしょうか。ガタッと音がすることまでもです。

田仲ワーカーの言葉が予言のように思えました。

気になって仮眠後の田仲さんに尋ねてみました。

「実は私、未来のことがわかるのよ」

田仲さんは笑いながら答えます。

「嘘でしょ。本当のこと、教えてください」

「予言っていうのも、面白いけど、真面目な話、排尿の間隔で予想しただけだよ。便秘も下痢もしていないから、いつもの排尿間隔で予想しやすかったのよ。大西さんは寝起きにふらつくことも多いから、車いすの肘掛けに手を掛けて立ち上がろうとするの。だから、車いすのブレーキがかけ忘れていないか、ベッド柵との距離や車いすが手の届きやすい角度に停められているか、巡回時にいつも確認してるの。車いすは足元側にあったでしょ。その方がベッドに座ったときに両手でベッド柵と車いすにつかまりやすいのよ。片手だけでつかまるより安心でしょ」

田仲さんは、何でもないことのように種明かしをしてくれました。

肘掛けとベッド柵を両手でつかむことができる車いすの位置と角度

それから、数年後に読んだ『看護覚え書』という本の中で田仲さんの予言を思い出しました。

百年以上も昔に看護について書かれた本ですが、今の介護にも通じると思える本です。その中で著者のナイチンゲールは、看護には「神秘」などまったく存在しないと述べた後に、こんな文章を残しています。

「優れた看護というのは、すべての病人に共通することがらと、個々の病人に固有のことがらを、共につぶさに観察することのみで成り立っているのです。」(11)

「すべての病人に共通することがら」とは、一般化されたもの、認識の三段階で言えば、抽象の段階に位置するものとも言えます。

そして、「個々の病人に固有のことがら」とは、具象の段階のものとも言えます。

田仲ワーカーは、大西さんの体調面や排泄状況を一般的知識と照らし合わせていました。排尿間隔は、大西さんの固有のことがらとして経験的な洞察で捉えています。

そして、寝起きでふらつく大西さんになったつもりで、車いすの位置を巡回時に確かめていました。車いすの位置や角度が大西さんにとって安全で使いやすいものかどうかを確かめようとするところが、ナイチンゲールのいう「共につぶさに」の「共に」という意味なのではないでしょうか。

この「共につぶさに」という意味について、もう一つ思い当たることがあります。次のエピソードで紹介します。

共につぶさに

本木タネ子さん（九十代女性）には右片麻痺があり、失語症のため、本人には何か伝えたいことがあっても、それを上手く言葉で表現できません。「ディ、デュ、デュ、ドュ」という擬音のようにしか、ほとんど私には聞こえませんでした。そんなタネ子さんの言葉に対して、私は耳を集中し口の動きに目を凝らして本人の訴えを理解しようとしますが、

「〇〇ということですか？」

と本人の意向を確認すると、タネ子さんは残念そうな表情を浮かべることが多くありました。

ある日、森美咲ワーカーが、洗面台でタネ子さんと関わるところを後ろから見ていました。何となく、ほのぼのとした雰囲気に思えたからです。

タネ子さんは、利き手交換した左手でスプーンを使い食事をしますが、食事の途中から手づかみで口に

運ぶことも多いのです。そのため、食後は洗面台で綺麗に手を洗うことが日課でした。タネ子さんの手をハンドタオルで拭き終わった森さんが、洗面台と自分の手を洗います。その横で、タネ子さんが、洗面台の上五十センチの高さにあるペーパータオルの方を左手で指さしています。何かを伝えようとしている様子に見えました。

車いすから立つことのできないタネ子さんにとって、そこは手の届かない高さです。タオルで手を拭き終えたタネ子さんにはペーパータオルは不要のはずですが、手を伸ばして何か訴えています。

私には何を伝えたいのか聞き取れませんでした。

森さんは、タネ子さんの様子に気づき、反応するように言いました。

「えっ。タネ子さん。私のために（ペーパータオルを）取ってくれようとしたの。ありがとう」

タネ子さんは、嬉しそうな表情で頷いていました。

後ろにいた私に気づいた森さんが言いました。

「ねえ聞いて。タネ子さんって優しいんだよ。私のためにペーパータオルを取ってくれようとしたんだよ」と。

タネ子さんの言葉が私に理解できなかった理由がわかりました。

口から発する音で聞こうとしていたからです。

言葉以上に通じるものがあります。たとえ、届かない位置にあるペーパータオルであるとしても、手を伸ばしたくなる思いもあります。

それを感じ取ろうとする森ワーカーの感性もまた、ナイチンゲールのいう「共につぶさに」という意味に含まれているのではないでしょうか。

この二つのエピソードを踏まえて、私の考えをまとめると、**「心の目」とは、他人事を自分事のように、自分に引き寄せ、または、自分が相手側に回り込み、相手のその目に映るもの、状況を一緒に感じ捉えようと心を動かす「眼差し」**です。

先述した例で言えば、指にツバをつけてテーブルの傷を拭く町田ツネさんが見つめるものを、一緒に見ようと心を動かした実習生長野君のような「眼差し」とも言えるでしょう。

4.「コトワザ」と「テツガク」

本書ではわざと「コトワザ」としています。それは、コトワザ研究の第一人者でもある庄司和晃氏に倣《なら》ってのことです。氏の捉え方は、学者的な立場ではなく、大衆的な使う立場を重視している点と、認識の理論で捉えている点に特徴があります。名言や慣用句、言い習わしなどの区別をせず、コトワザを**「自立した短文句（＝決まり文句）」**と定義し、本質を**「論理発見」（感性的論理の発見や道理の発見と言い換えてもよい）**としています。**「コトワザ」**と故意に片仮名にしているのはこれまでの諦観をクリーニングするためです。初めから、教訓や道徳的指針と捉えるのではなく、後でそれにもなり得るという捉え方です(12)。

私はこの捉え方に魅力を感じています。本項のタイトルが「哲学」ではなく、「テ、ツ、ガ、ク、」とする由縁もそこにあります。

「哲学」にある「何だか難しそう」「専門家でなければわからないだろう」などのイメージをできる限り払拭したいからです。

生き方の本質を問うことが哲学であるとするなら、それは学者だけの専門領域ではありません。誰もが、一度きりの人生を生きるという意味では、〝ルーキー〟であり、自分の生き方を探す本人という意味では、〝専門家〟でもあります。そして、現実世界を渡る上では、誰もが自分の生き方を模索しているはずです。

たとえば、介護職であれば、クライエントを前に、躊躇する自分、身動きできない自分、後ずさりする自分、もどかしい自分、情けない自分、不甲斐ない自分……などを感じたという経験がありはしないでしょうか。そういうものを背負いながら重たい足取りで帰路につくこともあるでしょう。きっと、そんなときに〈テツガクする〉ということが起こり得るのではないでしょうか。

そんな「テツガク」を一人の介護職として浮き立たせてみたい。本書はその試論です。

生活や人生に生かされるもの

「コトワザ」も、「テツガク」も、生きる営みから生まれ、そして、生活や人生に生かされるものです。だからこそ、学者ぶった捉え方に偏らず、現実世界を渡る「生活者の視点」と「しぶとさ」を持って発展させていきたいのです。

たとえば、「善は急げ」↕「急がば回れ」のように反対の意味を持つコトワザが存在します。私はここに先人たちの「しぶとさ」を感じます。

「善は急げ」か「急がば回れ」のどちらかだけを正解とする思考では、世の中を上手く渡れないからです。言い換えれば、矛盾を背負う世の中は一筋縄ではいかないからです。

だからこそ、大胆さの中に慎重さを、慎重さの中に大胆さを、縄で編むように、相対する両面をしっかりとおさえておくことが「しぶとさ」に求められるのではないでしょうか。

そのような思考過程において、コトワザは答えを示すものではありません。あくまでも、「夜道を照らす明かり」「答え探しのヒント」でしかないのです。だからコトワザには、「良いものだから受け取っておけ」という〝押し付けがましさ〟もありません。ここぞというときに、パッと現れヒントの明かりをつけるだけです。そういうところが〝粋〟です。ハウツー的でも、マニュアル的でもないところが、です。そのようなコトワザの持ち味をテツガクすることに生かしてみたいのです。

5．「感性的論理」の発見

これまで、対人援助職は「認識」という問題と深く関わる、と述べてきました。自己や相手の理解、生活や、生活環境という様々な対象への理解を深めるためにも大切です。

また、対象をどのように捉え認識するのかは、援助者の眼差しや表情、言動や態度などに、にじみ出るものです。「思い内にあれば色外に現る」「顔に書いてある」などと、コトワザにもあるとおりです。

そのような認識の理論から見たコトワザというものを、介護職の目線で捉えてみたいと思います。

なぜなら、「知識や理論など」（抽象）と「技術や実践など」（具象）のつながりを強くするヒントが、コトワザにはあるからです。

抽象と具象を結ぶハシゴ

「リスクマネジメント」という言葉があります。

たとえば、リスク（危険）マネジメント（管理）が大切だ、といくら言われても、それだけではどうもピンと来ません。

しかし、「転ばぬ先の杖」というコトワザが付け加えられたらいかがでしょう。

玄関先の手すり横の傘立てに杖が立てられているようなイメージが頭に浮かぶ人ほど、「ピンと来る」という感覚を得やすいのではないでしょうか。

本来、「リスクマネジメント」という概念には、色や形はありません。

しかし、「杖」という「具象」には色や形があり、頭の中でイメージ化がしやすい。

また、杖に触れたことや使用した経験があれば、更にリアルな刺激を受け感覚化がしやすいのです。

一方で、「杖」という「具象」ばかりにとらわれて視野を広げることがなければ、感染症なども含めた「リスク」の全体像を捉えることはできないでしょう。多種多様なリスクに対する備えが「杖」という言葉の意味にあります。そのように意味や関係性、法則性で捉えようとすることが概念化です。物事の本質を捉える思考や大まかな意味内容を掴みとることがなければ、事故防止の視野と応用の幅を広げることは難しいのです。

目に見えるような「具象」も、目には見えない意味のような「抽象」も、どちらか一方だけではその世界を広げることはできません。深くも、広くも、認識するためには、「具象」と「抽象」とを行き来する頭脳活動が、つまりは大切だということです。その意味で、コトワザは「具象」の世界と「抽象」の世界を結ぶ〈ハシゴ〉とも言える存在です。「具象」と「抽象」との間にある「半抽象」の段階に位置するものです。そして、認識の「のぼりおり」を手助けし、「頭の中の目」を働かせやすくするものでもあります。感覚だけにとらわれず、また、理屈や論理だけにしがみつかず、「感性的論理」を発見するというのがコトワザの本質です。

感性的論理を発見し、未来に種を蒔く

「旅は道連れ世は情け」のようなコトワザも、その多くは名も無き先人たちが作り、生活の中で磨かれ、語り継がれてきたものです。〈コトワザは生活を映す鏡〉とも言えるでしょう。

介護もまた生活と密接な関係を持ちます。その意味で、私たちにも介護という営みから、生活者の論理を発見することは十分に可能だと言えます。

庄司和晃氏の言葉を借りれば、コトワザは**「科学知識と生活経験との中間にくらいする、思想的産物」**であり、**「コトワザを生活の中で用いるということは、論理を行使するという素朴な行為」「それがすなわち、感性的論理の正真の行使」**[13]なのですから。

コトワザを「介護を映す鏡」として活用するのであれば、介護という対象をより多面的に、より幅広く、捉えることができるのではないか、と考えます。

そして、人や人との関わり方、信頼関係、援助関係などの学びにおいて、抽象と具象の間に〈ハシゴ〉を架けることができれば、それは未来に種を蒔くことにつながります。

さて、現代の私たちは、生活経験や介護体験からどのようなコトワザを作り、未来に学びの種を蒔くことができるでしょうか。

6.「経験の意味づけ」を深める

たとえば、たんすの角に足の小指をぶつけたとします。

「痛い！」というのは、「感覚でわかる（具象）」の段階です。

そして、

「まったく。どうしてこのたんすはいつも足の小指だけを狙うんだよ」、

または、

「危ない。同居している家族もぶつけるかもしれないなぁ」、

「危ないから何とかしなきゃ」

などと思うこともあるでしょう。このような場合は、「イメージでわかる（半抽象）」の段階に移行しています（具象から半抽象への「のぼり」）。

これら┈┈┈部分のような違いは、「感性」や「感受性」、「想像力」などの働きによって起こると考え

られます。

そして、

ぶつけやすいところにクッション材を貼り付けたり、

家具の置き方を変更したり、

という具体的行動をとるとすれば、それは「感覚でわかる（具象）」の段階への移行です（半抽象から具象への「おり」）。

そこから更に、

「ぶつける前のクッション材が大切なんだ」、

「これってリスクマネジメントだよな」と、

リスクマネジメントについて考えるのであれば、「理屈でわかる（抽象）」の段階への移行です（具象から抽象への「のぼり」）。

このように、認識の「三段階」を自在に「のぼりおり」し、私たちは認識を発展させているのです。

経験を価値あるものにするのであれば、

「次の手を打つこと」

「同じ失敗は繰り返さないこと」

「改善策を見出すこと」などにつなげなければなりません。

先の例で言うと、たんすの角に足をぶつけなくても、テーブルや椅子に身体をぶつけては、経験を生かしたとは言えません。

だからこそ、

「たんすやテーブル、椅子のような出っ張った部分がぶつけやすい」という法則性や論理を掴みとりたいのです。

同じ失敗や同じような失敗を繰り返さないために、です。

ここでいう「ような」とは、関連性や法則性を意味します。幅広く捉えて、応用の幅を広げようとするものです。「一寸先は闇」ともいう世の中です。それを渡るには、先を照らす光は明るい方が心強いのです。その明かりが、〝経験の意味づけ〟というものではないのでしょうか。

そのため、たんすの角にぶつけて「あぁ、痛かった」だけで済ませるような捉え方や、「まったく。どうしてこのたんすはいつも足の小指だけを狙うんだよ」と家具に責任を押し付け、自己を振り返らないのは、実にもったいないわけです。経験を次に生かす手掛かりが得にくいからです。

ご飯一粒に七人の神様

子どもの頃、母親から「ご飯一粒には、七人の神様がおるんやで。だから、残したらあかんで」とよく言われました。「米一粒汗一粒」というコトワザもあります。どちらも、お米を作る苦労を思い粗末にはしない、という意味合いのものです。

この「米」は「経験」に置き換えることもできるはずです。

私たちは、「ご飯」を食べ、それを「エネルギー」に変えて生きています。

私たちは、「経験」をし、それを「学び（法則性や論理の掴みとりなど）」に変えて生きています。

そう考えれば、お米一粒も無駄にしないように、経験も丁寧に振り返り、学びを深めたいものです。

つまり、「経験の意味づけ」とは、
食べ物から「栄養分」を摂取し「生きる力」にするように、
経験から「学び」を摂取し「生きる力」にすることでもあります。

また、コトワザは「経験」から得た「学び」を「生きる力」にするものでもあります。

それについて、庄司氏はコトワザの論理として、コトワザは「カッパの川流れ」のような特殊的なありかたの表現を通して、その裏にひそむ論理を伝えようとしている、と述べます。

平たく言うと、カッパが川で流されたり、猿が木から落ちたりするように映像化できる表現を通して、その裏にある「どんな名人でも失敗する」という論理を伝えようとする、ということです。

そして、氏は次のように続けます。


「それはただの形式的な論理ではなく、思想の論理である。人間観なり生き方なりと密接な結びつきを持った論理である。それが、個別的特殊的という感性的な、いわば衣裳をまとって示されているのがコトワザである。だからコトワザは感性的論理であり感性的思想である。従って、この、コトワザを教育するということは、すなわち、素朴ながらも論理教育であり思想教育である」(14)。

このことから、人間観や生き方と密接に関係する「コトワザ」の力を借りて、人や生活と密接に関係する「介護」を振り返ることは、論理や思想における介護者自身の教育や、テツガクすることにつながる、と考えられます。

そこで次節では、三つのエピソードを振り返り、経験（具象）と論理（抽象）に、自前のコトワザで〈ハシゴ〉を架け、経験の意味づけを深めたい、と思います。

コトワザを、人間観や生き方を映し出す鏡として活用し、頭の後ろの寝癖を直すときのように見えにくいところや、気づきにくいところにも、「頭の中の目」と「心の目」を向けてみたいからです。

第3節　経験と論理にハシゴを架ける

1．「なんすか？　介護観って？」

居室担当ワーカーは、個人的な買い物や個人記録の整理、居室環境の整理などを行います。相談相手としても期待される馴染みの介護職といったところです。秋田礼子さん（八十代女性）は、私が初めて居室担当を任されたおばあさんです。左片麻痺がありますが、身の周りのことはほとんど自分でしています。秋田さんは子どもの頃から障がいがあり、施設での暮らしを長くしている人でした。

ある日、私は一般浴と呼ばれる銭湯みたいな浴室で、洗身や洗髪などの介助をしていました。その私に、秋田さんは親しみを込めた口調で声を掛けてくれました。

「おう。〝三助〟じゃないか」

新米とは言え、居室担当なのに名前もまだ覚えてもらえない関係なのかと反省し、私は真顔で答えました。

「滝北って言うんですけど……。言いにくい名前ですよね。覚えにくいから、滝ちゃんって呼んでください」

三助さんと間違えられたと思ったからです。

そんな私に秋田さんは、お風呂屋さんで客の垢すりや肩もみをする男性使用人のことを〝三助〟と呼んだのだと教えてくれました。

一緒に介助をしていた先輩の佐々木優介ワーカー（二十代後半の男性）が合いの手を入れます。

「そういうわけだから、俺も〝三助〟だよ。よろしく」

佐々木さんは、人情に厚く、正義感とユーモアを併せ持つ〝こち亀〟の両さんみたいな人で、前職はお巡りさんでした。

秋田さんは、浴槽から出て手すりにつかまりながら上がり湯を待ちます。

掛け湯は、一般的な常識では、心臓から遠い足元から掛けます。更に、片麻痺のある人の場合は、麻痺のない側（健側《けんそく》）から湯を掛けます。

しかし、佐々木さんは秋田さんに対してだけは違っていました。佐々木さんはわざと秋田さんの頭からザバーッと上がり湯を掛けたのです。

これには驚きました。秋田さんは感情の起伏が激しく、気むずかしい一面もあるからです。

秋田さんは、「何すんだ。三助がそんな真似するのか」と抗議しますが、まるで悪戯っ子の友達を相手にするように、満面の笑みを浮かべているのでした。

私は、秋田さんがこんなに笑う人だったのか、という意味でも驚きました。他の人にはこれほどの笑顔を見せないからです。

後で聞くと、この上がり湯の儀式は開園当時からの二人の慣例だそうです。もちろん、佐々木さん以外にこれをする人はいません。

しかし、これが相手に不快感を与えているかどうかは反応を見ればわかります。秋田さんの笑顔は、佐々木さんに気心を許しているからこそのものでした。ホテルマンのようなサービスを望むお客様であれば、そのニーズに応じればよいでしょう。しかし、二人を見ていて、関わり方が、ファストフードの味付けのように、必ずしも画一的である必要はないのだ、と思いました。

お風呂を「命の洗濯」とも例えるくらいです。日常の疲労やストレスなどから解放され思う存分くつろげる間柄も、〝三助〟には期待したいものです。

佐々木さんは豪快そうに見えますが、「施設の入居者のことを『利用者』っていう呼び方が、何となく客商売ぽくって嫌なんだよなぁ。『お年寄り』って呼ぶ方が自然だと思うんだよ」という繊細な感性の持ち主でもありました。

「善は急げ」or「急いては事を仕損じる」？

小田セツさん（九十代女性）は、全身の筋力低下と関節リウマチがあり、特に、身体を動かす際に、関節の痛みが生じます。そのため、着替えの動作が負担にならないように昼夜ともに伸縮性に優れたネグリジェを着用されています。

先輩職員からは、小田さんのオムツ交換の介助を最後までさせてもらえるようになったら、オムツ介助は合格だよ、と言われていました。

私は、何度かチャレンジさせてもらいましたが、どうしても最後まで介助をさせてはもらえませんでした。もたもたしていたり、身体に振動が伝わる介助をしようものなら……。

「アンタ。もういいわ。他の人と代わって頂戴」との宣告を受けるからです。

ある日、十四時を過ぎたあたりで小田さんのオムツ交換に入らせてもらいました。そのときも、私は可能な限り慎重な介助を心掛けました。

肌の露出時間を短くしようとすれば、「善は急げ」すなわち「早さ」が求められます。安楽を考え振動を少なくしようとすれば、「急いては事を仕損じる」「急がば回れ」ともいうように、「早さ」よりも「丁寧さ」が求められます。

このような矛盾が世の中にはたくさんありますね。さて、どうしたものか。

私の出した答えは、「スピード」と「丁寧さ」の両立です。そのバランスを保つように可能な限り集中して介助を行いました。

しかし、オムツを外し始めたところで、

「アンタ。もういいわ。いいから、他の人と代わって頂戴」

とピシャリと告げられました。

満塁のピンチを招きながら、マウンドを降りるピッチャーのように申し訳ない気持ちで、私は佐々木優介ワーカーに交代をお願いしました。

佐々木さんは快く引き受けてくれ、小田さんに私が介助の見学をできるように交渉までしてくれました。

私はプライベートカーテンの内側で、なるべく小田さんの視界に入らないように、佐々木さんの介助を見学させてもらいます。

オムツを外しながら小田さんに話し掛ける佐々木ワーカーに、私はまたもや驚かされました。

「小田さん。今日のオヤツ何だか知ってます?」

「オヤツは何なの？」

小田さんの口調は柔らかくなっています。

「今日はバナナですよ」

にこやかに返す佐々木ワーカーを見ていて、そんなのアリなのか、と思いました。排泄介助の真っ最中に、よりにもよって、食事の話題なんて。非常識にならないのだろうか、とヒヤヒヤしましたが。

「あら、いいわねぇ」

と、小田さんはにこやかに答えます。

「それじゃ、バナナの歌があるのを知ってますか？

バナナン　バナナン　バナァナっていう歌があるんですよ」

佐々木さんはとうとう歌い始め、オムツの介助も歌いながら行うのでした。

バナナがいっぽん　ありました
あおいみなみの　そらのした
こどもがふたりで　とりやっこ
バナナはつるんと　とんでった
バナナはどこへ　いったかな
バナナン　バナナン　バナァァナ

（「とんでったバナナ」作詞 片岡輝　作曲 桜井順）

小田さんは目を丸くして言います。

「へえー。そんな歌があるとはねぇ。佐々木さんのその歌、面白いね」

「小田さんはバナナが好きでしたよね」

「私らの時代は、バナナは高級品だからねぇ」

私が一番驚いたのは、佐々木さんと小田さんの醸し出す雰囲気です。天日干ししたばかりの布団のようにポカポカしていました。

同じ人を相手に、同じ排泄介助をしていたはずなのに、私のときとは大違いです。

介護観

介助を終えた佐々木さんが私に声を掛けてくれました。

「滝ちゃん、もしかして黙って介助してなかった？」

「なんでわかるんですか？」

「俺も初めはそうだったからだよ」

私は正直な気持ちを話しました。オムツ交換の最中に食事を話題にすることを非常識だと思っていたこと、二人の和やかな雰囲気に驚いたことを。

「実はね。今日はどんな話題でいこうかなって、前もって考えているんだよ。いくら丁寧でも黙って介助されたら不安でしょ。余計に痛いように感じるかもしれない。第一恥ずかしいもん。俺だったらそんな介助より、ワハッハって笑っているうちにいつの間にか介助が終わってたらいいなぁって思うんだ。これが俺の介護観なんだよ。ところで、滝ちゃんの介護観ってどんなのだい？」

「なんすか？　〝介護観〟って？　そんな言葉、初めて聞きましたよ」

「〇〇観」とは、「〇〇についての見方や捉え方、考え方」です。「介護観」とは、介護に対する考え方ということになります。それを持つことがとても大切だと佐々木ワーカーを見ていて思いました。

仮に、ベッドに振動センサーを取り付けて測定するような科学的検証をしていたら、もしかしたら身体に振動を与えないように介助していたのは私の方だったのかもしれません。スピードにおいても、佐々木ワーカーの方が、会話が弾む分だけ時間を要します。排泄の介助中に食事の話題というのも、一般的な常識からは外れるものです。

また、佐々木ワーカーの秋田さんに対するお風呂の上がり湯も、業務マニュアルでは捉えきれない方法でした。

しかし、です。私には、気難しいと思えた小田セツさんも、秋田礼子さんも、佐々木ワーカーとの関わりの中では笑顔でした。これらの笑顔は、教科書のどこにも書いていないような関わり方から生まれたものでした。

だからと言って、「排泄介助中に食事の話題をすること」や、「お風呂の上がり湯を頭から掛けること」を業務マニュアルに取り入れようと言いたいわけではありません。そういうマニュアル的な、型にはまった見方だけでは、大切なものを見落とすのではないか、と言いたいのです。

佐々木ワーカーの対応は常識外れな部分もあったのかもしれません。

しかし、相手としっかり向き合いながら、佐々木さん自身の介護観を具現化したものではなかったでしょうか。その上で、二人の笑顔が引き出されたことは確かです。

これをコトワザ化してみますと、〈創造性はマニュアルよりも思いやり〉とも言えるでしょうか。

2. 氷川丸とお風呂

お風呂の誘導係

私にとって難しいと思う仕事の一つにお風呂の誘導係があります。

入浴には、清潔の保持や、血液循環、新陳代謝、疲労回復を促すなどの効果が期待できます。

しかし、そんな理屈がまったく通用しない人もいます。その代表格が、中川きよさん（八十代女性）でした。牛乳瓶の底のような黒縁メガネを掛けた小柄なおばあさんです。

「お風呂に行きましょうか」と誘い、一度は「はい」と言っても、認知症のため、すぐに「いいえ」と答えが変わることもあります。

また、「今日はどうしても体の調子が悪いのでやめときます」や「風邪っぽいからやめときます」と言うこともあります。

身体の不調を盾に取られると無理強いはできません。とは言え、中川さんの言葉を鵜呑みにばかりしていると、何週間も風呂に入れなくなってしまいます。

そこで、ワーカーは手を変え、品を変え、誘うわけです。

ほぼ毎回のように誘導係を手こずらせる中川さんですが、入浴後はいつも、「あー気持ち良かった。ありがとさんでした」という不思議な方でもありました。

そんな中川さんとの関わりについて、ナイチンゲールのいうような**「共につぶさに観察する」**という視点で振り返ってみようと思います。

中川さんは、若い頃、「氷川丸」という船に乗って働いていました。「氷川はなぁ」という関西訛りで当時のことをよくお話されます。

どんな仕事だったのか、と尋ねると、「まぁ、旅館の仲居さんみたいな仕事やね」と答えてくれます。中川さんの話では、氷川丸は日本とアメリカのシアトルを何度も横断した船で、喜劇王チャップリンも乗船したほどの豪華船です。お料理は評判良く、恒例のスキヤキパーティーも人気があったそうです。船上での催しには、ダンスパーティーや、演芸会、運動会のパン食い競争までもあり、きめ細かなサービスで乗客をもてなし、多くの人から愛用されたそうです。中川さんも乗組員の一人として、給仕の仕事を熱心にされていたのでしょう。世話好きなお人柄ですから。

「氷川はなぁ」と、ハッキリと言うその声には、あの船で太平洋を股にかけ働いてきた、という誇りを感じます。

関心を持った私は、今は横浜市の博物館船でもある氷川丸に行ってみました。アール・デコを基調とした装飾は当時のままに残され高級なホテルを思わせます。

一等客室のベッドの上には、「日の出」の形に折った毛布がありました。

きっと中川さんもあんな飾り毛布を折っていたんだなぁ、と思いました。

氷川丸は世界的にはそれほど大きくはない貨客船ですが、シアトル航路は北極圏近くの荒海を通るため、その過酷さに耐えられるように厚い鋼板で頑丈に造られた船です。

一九三〇年から一九六〇年までの間運航し、戦時中は病院船として活躍し、終戦後は満州方面の引揚邦人やラバウルなどの南方の島々に取り残され餓死寸前の多くの復員を輸送した船でもありました。戦禍の中で、戦闘機や爆撃機の攻撃を受け、機雷に三度も触雷していながらも、太平洋戦争を生き抜いた船でした。

そこには、大海原と歴史の荒波を越えてきた風格を感じます。そこが、どことなく中川さんと重なる気がします。

今や横浜港の人気観光スポットとして係留される氷川丸のその歴史を知る人が、どれほどいるのだろうか、とも思います。

これは、特養などの高齢者施設で暮らす入居者にも同じことが言えないでしょうか。施設の介護職は入居されたその日から、その人を、利用者として、知ります。現実的には、今、目の前のその姿しか目で見ることはできません。背負ってきた歴史は、ケース記録だけで見

一等客室のベッドの上にある飾り毛布

えるものではないでしょう。そんな思いをコトワザに込めて。

〈目は今を映し、心は過去と未来を映す〉


中川さんには、肌身離さず持ち歩くガマ口の財布があります。いつも決まってこう言います。

「中身は空っぽや。だから、サイフというより、無イフやな。ハハハ」

笑い方も豪快です。


ある日、お風呂の誘導係の私は中川さんを誘いますが、何度も断られました。さて、どうしたものか、と弱っていました。

「中川さん、僕は今困っています」

「なんや、困ってんのかいな。何か手伝おうか？」

「ほんまに、いいんですか？　頼み事しても」

「わたしにできることとやったら、かまわしまへん」

「それやったら、洗濯物を畳むのをてつどうてほしいんです」

「ええわ。てつどうたるわ」

ほとんどの人が入り終わった後の空いている風呂場に来て頂きました。そして、タオル類を何枚か畳んで棚に入れてもらいました。

横浜港に係留される氷川丸

「ありがとうございます。助かりました。お願いだけ聞いてもらっといてお礼もせえへんかったら、僕が後から番頭さん（課長のことを中川さんは「番頭さん」と呼んでいる）に怒られます。よかったら、お風呂用意していますから、入って行ってください。せめてもの気持ちです。ちょっとだけでも……。僕の顔を立てると思って……」お礼というより、もはや懇願に近いです。

「しゃあないな。それやったら、ちょっと入らしてもらうわ」

「ありがとうございます」

こんな風に誘っても、いつも上手くいくわけではありません。それでも、無理強いはしません。こちらの顔を立てて、無理なお願いを聞いて頂いているのです。それだけでありがたい話です。

戦前は世界を股に掛け、戦時中、戦後の激動を一生懸命に生き抜いた中川さんです。その人の良さにつけ込んでいると思う人がいたとしても、反論はしません。ただ、私は**「個々の人の固有のことがら**（中川さんと私の個性、人柄や間柄、役割など）**を共に**（関わりの中で）**つぶさに観察する**（思いを馳せて見つめる）**」**ということを大切にしたいと考えています。

また、その気持ちがなければ、「ありがとうございます」という言葉も、きっと嘘くさいものとして伝わってしまうでしょう。

3. 師匠の介護メソッド

介護の師匠

周りの先輩ワーカーが眩しく思えるほど、新人の頃の私は、自分が介護職に向いていないのではないか、と思っていました。高い志を持ってこの仕事に就いたわけではない。たまたま、ハローワークで紹介されて、何となく「虹の郷」に来ただけ。私の自信の無さは、無資格・未経験だけが要因ではありませんでした。

そんな私でしたが、翌月から夜勤に入ることが決まりました。

「虹の郷」では、夜勤帯の看護師の配置はありません。ワーカーの人数も極端に少なくなります。交代で仮眠を取る深夜では、ワンフロアをワーカー一人で対応することもあります。それらは、私にとって恐怖でしかありませんでした。

少しでも不安材料を減らすべく私は、ベテランの前田明子ワーカー（四十代女性）に弟子入りしよう、と決めました。お年寄りやワーカーの中には、小さなお孫さんのいる彼女を「前田ママ」と呼ぶ人もいます。そんな前田さんの後にくっついて、仕事を覚えようとしていた私は、「まるで金魚の糞だね」とお年寄りから、からかわれることがありました。

前田師匠は、よく動き、よく気がつき、誰に対しても親切で丁寧な人です。

「今晩の夜勤は誰?」と尋ねるお年寄りに、「前田さんですよ」と答えると、必ず皆さんホッとした顔を見せるほどです。

私の初夜勤は、前田さんが一緒に勤務を組んでくれました。

居住フロアを簡単に説明すると、東西に一本道の廊下が百メートルほど延びます。それを挟んで四人部屋が十近く並びます。廊下の中心部を南に向けば、食堂。北に向けば、ワーカー室と医務室です。廊下を見渡せるワーカー室が夜勤者の待機場所です。

居室からコールがあれば、ワーカー室の壁一面にある居室番号のランプが光ります。ピンポーン、というドアベルのようなコール音も鳴るため、すぐにわかります。受話器で応答するか、直接訪室しなければ、コール音は目覚まし時計のように音量を上げ続ける仕組みです。

就寝介助

就寝介助には、夕食後の歯磨きや入れ歯洗浄、トイレの誘導、寝巻への着替えなどがあります。食堂と居室とトイレの間を何往復もしながらそれらを行います。その間、コールでも呼ばれるため、随時コール対応もしていくわけです。

就寝介助には、介助者の手際の良し悪しが音に表れます。良ければ、フロアは静かで穏やか。悪ければ、けたたましいコール音と落ち着かなくなった利用者の喧騒が混じり、混沌とした音のカオスを生み出します。

当時の私の技量を音に例えると、ロックバンドのようでした。

しかし、前田さんが就寝介助を行うと、こんなにも静かなのかと驚きます。決定的とも言える違いは二つあります。一つは、前田さんの「先を読む力」です。利用者の行動を予測し、効率や優先順位、利用者の性格などを考えながら動くというものです。

もう一つは、「安心感」です。前田さんが「ちょっと待ってくださいね」という場合には、お年寄りは静かに待ってくれます。前田さんが「ちょっと」というときは、本当に待ち時間が短いからです。もしかすると安心できる分だけ、待つ身としても時間を長くは感じにくい、ということもあるのかもしれません。

それに比べ、私の介助中は、コールが頻繁に鳴り出します。「すぐに行きます」と言いながら、なかなか来ない蕎麦屋の出前のようにヤキモキとさせるからなのでしょう。

「まだ?」

「ねえ、まだなの? 早くしてくれない?」

「いつまで待たせるつもりだい?」コール音が連鎖していきます。

ついには、「コールの音がうるさいから、何とかしてくれ!」という新たなコール音を発生させて悪循環に陥ってしまうのです。

嵐のような就寝介助が終わると、廊下のライトを常夜灯に切り替えます。夜の顔を見せるフロアが静けさに包まれ、やっと一息。まだまだ、夜は長いので、夜食用のカップ焼きそばにお湯を注ぎます。

「待つが花」とは、あれこれ想像しているうちが一番楽しいという意味のコトワザです。そう思っていると、またナースコールが鳴り始めました。

当時、先輩ワーカーから夜勤のときの永井清子さん（七十代女性）のコールのことをよく聞かされていました。

永井さんは、左片麻痺があり、車いすを使用し生活をされる方です。右手を枕の下に入れて寝る癖があり、右手が枕の下にないときは、いつもナースコールを握っているような方でした。

先輩たちの話では、「夜勤帯で、永井さんがナースコールを鳴らし出したらヤバいよ。朝までコールが鳴りっぱなしの日もあるからね。そうなったら、座っている暇なんかないから」ということでした。

新米を脅かそうと、多少は大げさに言っているのだろう、と思っていましたが。

その夜二十時過ぎより始まった永井さんのコールは噂のとおりでした。カップ焼きそばに例えると、絶え間なく続くコールのおかげでカップ麺の湯切りを忘れるほどです。

思い出した頃には、湯切りしようとカップを逆さまにしても、お湯が全然出ませんでした。フタを開けてみると、お湯を吸った麺がナマコのように膨張していました。「待つが花」とは言いますが、コールとカップ麺は待ってはくれないものです。一人でコール対応する場合には麺類は控えるべきだ、と学びました。

コール対応

前田ワーカーが眠前の服薬介助や熱発者の対応などで各居室を回る間、私は一人でコール対応に入ります。

「ピンポーン」

コールの音量が上がる前に、受話器に出ます。

「どうしましたか？」

私の問い掛けに、永井さんは一切答えようとはしません。そのため、直接訪室し要件を確認します。

「どうしました？」

「喉が渇いたぁ」

それなら、受話器越しに言ってくれれば、来るついでに持って来たのに……。心の中でつぶやきます。

「お水を持って来ましょうか」

「うん」

食堂の給茶機で冷水を吸い飲みに入れ再訪室。

「持ってきましたよ。どうぞ」

永井さんは一口飲んで、

「やっぱり、水は嫌だぁ」

と北海道訛りで言います。

「じゃぁ。冷たいお茶にしましょうか」

「うん」

再々訪室します。

「お茶も嫌だぁ」

「それじゃぁ。オレンジジュースの方が良いですか？」

「うん」

再々……訪室。

最終的に、ポカリスエットが良い、ということでした。初めからそう言ってくれれば、何往復もしなくて済んだのに、と私は思いました。

しかし、これで済むほど甘くないのが、永井さんでした。私は、家のドアベルが「ピンポーン」と鳴らされて玄関に出てみても誰もいない、という悪戯を思い出しました。悪戯っ子の間で「ピンポンダッシュ」

とも呼ばれるアレです。

再々……訪室はまだまだ続きます。永井さんの訴えは実に様々です。

「掛け布団と布団カバーの角がズレているから直して」

「窓の鍵が開いているような気がするから、カーテンをめくって確かめて」

「足がダルい」等々。

コールの音量が増さないように、私はワーカー室から永井さんの居室までの約三十メートルを急ぎます。永井さんの予想以上に早く着いたと見えるときには、まだ何を訴えようか、と考え中の様でした。

そんなやりとりが一時間ほど続きました。

肩こりのように背中と腰が痛い、という永井さんに対して、私は鎮痛軟膏で対応しようと思いました。医務室に軟膏を取りに行こうとしたところで、前田ワーカーが駆けつけてくれました。

「ごめんね。熱発の人が多くって遅くなっちゃった」

すると、前田さんは不思議なことを言いました。

「医務室には取りに行かなくていいよ。その代り、滝ちゃん、そこで見ていてね」

私は、なぜ薬を取りに行く必要がないのか、理解できないまま立ち止まりました。

前田さんは、永井さんのベッドに腰掛けます。それから、永井さんの話を静かに聴きながらずっと背中をさすっていました。私は黙ってその様子を見させてもらいました。

三十分が過ぎた頃、永井さんがうとうとし始めるのがわかりました。

しばらくして近づくと、永井さんは安心した表情を浮かべて眠りについていました。

前田さんの後姿を見ていて、私はこんなことを思いました。

「この人みたいになりたい。きっと、こんな人にはなれないだろうけど、一生懸命頑張ったら、少しは近づけるかもしれない。もしもそうなれたら、自分の人生を振り返るとき、まんざらでもない生き方ができたと思えるだろう」と。

それまで私は、自分が介護職に向いていない、と思っていました。善い人の振りをしているだけの〝ニセモノ〟は、すぐにボロが出るとビクビクしていました。

しかし、そんなことはもうどうでもよくなりました。才能が無いのならそれでも構いません。それでも前田さんみたいに少しでもなりたい。それしか思わなくなったからです。

永井さんの掛け布団を静かに掛け直して、そうっと居室を出ました。

ワーカー室に戻った私は、笑い話として、湯切りを忘れたナマコ焼きそばの話を前田さんにしました。

前田さんは、すぐにカバンからラップに包まれたおにぎりを出してくれました。

「若いんだから遠慮したらダメだよ。いっぱい食べてよ」

前田さんは、新人の私と一緒に食べようと筋子入りのおにぎりを用意してくれていました。師匠のおにぎりは、母親のことを思い出させてくれる味でした。

不思議なことに、あれだけ鳴り続けた永井さんのコールが、朝まで一度も鳴りませんでした。

もし仮に、私がインドメタシン入りの鎮痛軟膏を永井さんの腰や背中に塗っていたとしても、すぐにまたコールは鳴っていただろう、と思います。永井さんの求めるものが薬ではないからです。

この体験から、私は二つのことを学びました。

一つは、永井さんがナースコールの受話器に応答しない理由です。直接話すことで顔が見たいからです。心細いからだと思います。どうしようもなく心細いときがあります。不安で眠れない夜もあります。

私は就職氷河期と呼ばれた時代に、就職が決まらず、自分のやりたいことも見つけられず、将来に対する不安を感じました。しかし、それとはきっと比べものにならない不安を永井さんは感じていたのだろう、と思います。

そしてもう一つの学びは、「介護という営みはドエライもんや」ということです。私のいう「ドエライ」は「大変」という単純な意味ではありません。もっと深く、もっと広く勉強してみたくなるほど「凄い」という意味です。見習い、聞き習い、学びたくなる「生きる知恵」が、この介護にはあります。それを伝えようとして、前田さんは、私にあの場で「見ていてね」と言ったのです。

「痛いの、痛いの、飛んで行け」

「Pain, pain go away.」

このおまじないのようなコトワザは、世界中にあり、誰もが経験したものでしょう。

私はこれも「手当て」だと考えています。この「手当て」が効力を発揮するのは、前田さんが永井さんの背中をさするときのように、「ぬくもり」が安心感として伝わるときだけなのではないでしょうか。

信頼できない人柄や、安心できない間柄では、同じ動作として手を当てても、手の温度が同じ三十六度であったとしても、それは機械的な作業と質の変わらないものだからです。

介護観の芽生え

「手当て」の語源には諸説ありますが、医療や科学がまだ発達していなかった時代に、手を当てずにはいられなかった人の「心持ち」が「ぬくもり」としてそこにはあったはずです。

そして、医療技術や科学が発達した今でも、人は「ぬくもり」を伝える「手当て」を求めます。「介護」はこの「手当て」と深く関係するものであり、前田さんが私に見せてくれたものは、正に「手当て」だったと考えます。

前田ワーカーは、よくこんな風に教えてくれました。

「私は大したことは教えられないけど、介護は色々なやり方や関わり方があっていいのよ。だから、たくさん見て、その中から自分に合ったものを見つけていくんだよ」と。

私は、前田さんを見ていてこう思います。

介護という仕事は資格だけでできるものじゃない。〝ボンモノ〟の介護職かどうかを決められるのはケアの対象者だけだ。

では、〝ホンモノ〟とは何でしょうか。少なくとも、ただ知識を頭にインプットしただけのマニュアル人間やロボット人間ではないはずです。

そのような私の介護観に一番大きな影響を与えてくれたのは、やはり、前田さんです。そんな師匠の介護メソッドをコトワザに。

〈痛いの、痛いの、飛んで行け。手当てが通わすぬくもりで〉

4．介護観の構築

〈創造性はマニュアルよりも思いやり〉

〈目は今を映し、心は過去と未来を映す〉

〈痛いの、痛いの、飛んで行け。手当てが通わすぬくもりで〉

これらは、エピソードを振り返り、経験の意味づけを深めたい、と試みる中で生まれたコトワザです。

ささやかながら、庄司氏のいう思想の論理、人間観や生き方と密接な結びつきを持つ論理として打ち出してみたつもりです。これらを柱に私の介護観を、一言で表現すると、次のとおりです。

〈見方《みかた》は味方《みかた》〉


その意味を既述のエピソードから解説すると、
佐々木ワーカーの秋田さんへの上がり湯の儀式にも、排泄介助中の小田さんとのバナナの歌にも、型にはまった見方をしない大らかな眼差しがあります。

中川さんの場合にも、ケース記録だけでは、表現し尽くせない人生の足跡や風格、誇りについて、思いを馳せて見つめようとする眼差しがあります。

前田ワーカーの「手当て」にも、言葉どおりには語られない永井さんの胸の内に思いを巡らす眼差しがあります。

それらすべては、「頭の中の目」と「心の目」を働かせた「見方」です。その「見方」から、お互いを生かす「味方」としての「生きる知恵」を生み出し、それを「介護」という表現に結びつけています。

つまり、〈見方は味方〉というわけです。


「介護観」とは、介護者自身を支えるものであり、樹木に例えれば、根っこのようなものです。どんなに枝葉が立派でも、どれほど知識や技術を持っていようとも、そのフィールドにしっかりと根を張っていなければ、専門職としての自分を生かすことは難しいのです。

だからこそ、「介護観」という根っこを張り、経験という土壌から養分を吸収したい。そして、それを人生の〈明かり〉として役立てたい、と思うのです。

「介護観」の「観」とは、「見方」という意味でもあります。


次章では、「不穏」や「徘徊」などのように、ともすると介護職にとって符号化されやすい言葉（抽象概念）に、コトワザの力を借りて、「心持ち」を込めたい、と思います。

その理由は、介護職がロボット人間のようになってほしくないからです。また、自己を含む介護教育が、符号化された言語をインプットするような味気ないものになってほしくもないからです。

〈介護は異なもの　味なもの〉

その妙なる味わいを、エピソードやささやかな「創作コトワザ」を通して伝えられたらと願います。

第Ⅱ章の参考・引用文献一覧

●参考文献

(7) 前掲(1)、25ページ図参考

(8) 前掲(1)、19ページ図参考

(12) 庄司和晃（１９９４）『コトワザ教育と教育の知恵 ―続・コトワザ教育のすすめ―』、明治図書

●引用文献

(9) 前掲(1)、139ページ

(10) 前掲(1)、18ページ

(11) フロレンス・ナイチンゲール、小林章夫・竹内喜訳（１９９８）『対訳 看護覚え書』、193ページ、うぶすな書院

(13) 庄司和晃（１９８７）『コトワザ教育のすすめ―未来の教育学のための文化研究―』、87ページ、明治図書

(14) 前掲(1)、176ページ

第Ⅲ章　「生きる知恵」

第1節 「ケースワークの原則」をコトワザ化する

1．「ケースワークの原則」

「鳴くよ（七九四）、ウグイス 平安京」で歴史を覚えたり、「水兵リーベ、ぼくの船」で元素記号を暗記しませんでしたか。

同じように、私も介護福祉士の受験勉強で、「ケースワークの原則」を覚えました。

「ケースワーク」とは、生活上の問題を抱える個人や家族に個別的に接し、問題を解決できるように援助すること。個別援助技術とも言います。アメリカの社会福祉研究者Ｆ・Ｐバイステックが、援助関係を形成する技法として「ケースワークの原則」を示しました。「バイステックの七原則」とも呼ばれます。

介護福祉士の養成校などで使用される教科書では、相談業務の基本原則に位置づけらていますの(15)。

私は次のような語呂合わせで七つの原則を頭に詰め込みました。

恋（の）	**個**別化・**意**図的な感情表出
火心配、	**非審判**的態度
秘密（を）	**秘密**保持
受けとめる	**受容**
と	**統**制された情緒的関与
決めた	**自己決定**

このようなイメージ化は、暗記法としては有効なテクニックです。しかし時間が経てば、印象は薄れ、記憶も薄れやすいのではないでしょうか。その理由は、自分の体感や心情との接点がほとんどないからだと考えられます。

このような生半可な学び方では、当然、理論と実践が上手くつながりません。

たとえば、バイステックのいう「受容」の意味を「すべてを受け入れること」と誤解をするように、で

す。そういう勘違いをした私は、

「なんでもかんでも受け入れていたら、援助者は心の器がパンクするのではないか」

「教科書のようには、現実は上手くいかないものだ」

などと思ったことがあります。

しかし、これでは意味が無いのです。

庄司和晃氏は、**「獲得したものは使ってみなければ真に獲得したものとはいえない」**[16]と述べます。

まったくそのとおりです。

真に獲得するためには、知識や理論を介護福祉の場でどう生かすのか、日々の介護実践から何を学びとるのか、が大切です。

そこで、知識や理論（抽象）と、実践（具象）との間を行き来するように、バイステックの理論を認識論で紐解いてみたい、と思うのです。その中で、「七原則」がいざというときに、パッと思い浮かぶようなコトワザ作りも試みたいと思います。感性的論理としての「コトワザ」の力を用いて、理論と実践のつながりを強めよう、というわけです。

まず手始めに、比較的にイメージしやすいと思える「個別化」「自己決定」「秘密保持」の三つを、先人の知恵である伝承コトワザでも表現してみます。

「個別化」の原則

「クライエントを個人として捉える」とも訳される原則です。「クライエント」とは、依頼人という意味もありますが、福祉関連の臨床では、相談者や利用者などを意味する言葉です。

たとえば、机の上が物に溢れているとしたら、皆さんはどのように整理整頓しますか。

色ペンであれば、「蛍光色」や「細字」などでまとめたりしませんか。

授業で配られたプリントであれば、科目や単元ごとに分類（カテゴライズ）し、綴《と》じたファイルにラベルを張る（ラベリング）などして整理することでしょう。

これと同じように、私たちは頭の中で情報の整理を進めているはずです。

多くの利用者に対応する介護職であれば、「車いす使用」「言語コミュニケーション不可」「右片麻痺で失語症」などのようにカテゴライズやラベリングをして、情報の整理を進めているのかもしれません。

しかし、一方でそれは、偏った見方や認識のズレを生む要因にもなるはずです。

そして、私たちは、似たようなケースの一人として扱われたいとは思っていません。

「右片麻痺で失語症の利用者」「認知症で問題行動のある利用者」などという一括りで見られることを誰も望んではいないのです。

私たちは一人ひとり、指紋が違うように、それぞれの悩み事や心配事などをもっているオリジナルな存在です。つまり、一人ひとりが世界にたった一人の存在であることやその独自性を認識し、個別に対応するという考え方がこの原則です。

コトワザでいうと、

「十人十色」

「So many men, so many minds.」

（人の数だけ心は違う）

指紋みたいに
人それぞれ
違うもんだょ
個別
コード
しもん

「自己決定」の原則

「クライエントの自己決定を促して尊重する」とも訳される原則です。

坂本龍馬の言葉に、

「世の人はわれをなにともゆはばいへ
わがなすことはわれのみぞしる」（「龍馬詠草二　和歌」）

があるように、その人が行うことは、その人にしかわからないわけです。

記述のエピソードでいうと、里中トミさんにお花見に行くかどうかを決めて頂きました。そのように、自らの行動を決定するのはクライエント自身である、という考え方です。

「秘密保持」の原則

「秘密を保持して信頼感を醸成《じょうせい》する」とも訳される原則です。

介護という関わりからいうと、個人情報やプライバシーを守ることでもあります。誰も秘密やプライバシーを守れない人には、安心や安全、生活を支えることは任せられないということです。

伝承コトワザでいうと、「口《くち》と褌《ふんどし》は固《かた》く締《し》めよ」。

現代的にコトワザ化すると、

Ｓ　Ｎ　Ｓ

〈相談の内緒漏らして信頼失う〉と言えましょうか。

2.「非審判的態度」の原則

「クライエントを一方的に非難しない」とも訳される原則です。

これについては、イメージしやすく特養「虹の郷」でのエピソードを交えて話を進めます。

手掴み

夕食時のことです。

福田薫さん（九十代女性）は軽度の認知症がありますが、これまでは自分で箸を使い食事をされていました。しかし、このところ徐々にお茶碗のご飯やおかずを手掴みで食べることが多く見られるようになってきました。ワーカーは箸の横にスプーンを置いてどちらでも食べやすいように対応します。ご飯とハンバーグを手掴みで食べ、口に指を入れている福田さんに、ワーカーAさんは言いました。

「もう、どうして手で食べちゃうんですか？　ご飯は手で食べるものじゃありませんよ。子どもじゃないんだから。スプーンも用意しましたから、使ってみてください。その方が洋服も汚れないですよ。ほらっ。上着がご飯粒だらけじゃないですか」

福田さんは無言のままうつむいています。

このワーカーAさんの対応について、皆さんはどのように感じますか。

バイステックは、「非審判的態度」についてこう述べます。

「ケースワーカーは、クライエントに罪があるのかないのか、あるいはクライエントがもっている問題やニーズに対してクライエントにどのくらい責任があるのかなどを判断すべきではない。しかし、われわれはクライエントの態度や行動を、あるいは彼がもっている判断基準を、多面的に評価する必要はある。」(17)（傍線　滝北）

バイステックの言う**「多面的に」**の意味について考えてみましょう。

多面的な捉え方

「多面的」という捉え方で言えば、私たちはサンドイッチやピザを手で持って食べます。『タイタニック』の話をしながら、千代さんと渋谷君と一緒に食べたピザも手掴みでしたが、とても美味しいものでした。おにぎりも、大抵の人は手で持って食べるでしょう。また、インドでは「カレー」も「ライス」も右手で食べます。もしも、インドの人が来日し、スプーンでカレーライスを食べる日本人を見たら何と思うのでしょうか。それを日本人の感覚に置き換えれば、お寿司やおにぎりをナイフとフォークで食べるような違和感なのかもしれません。

「審判」とは「裁く」という意味です。援助者であれば、偏った見方にとらわれず、自分の価値観を一方的に押し付けることがないように注意したいものです。そのためにも、「相手にはどのように見えて、どのように感じられているのか」という「想像力」が多面的な捉え方には求められます。

先のエピソードには続きがあります。同僚の渋谷祐二ワーカーが、食べる手の止まった福田さんに気がついて話を伺ったそうです。よくよく聴くと、福田さんはハンバーグの肉の繊維が、部分入れ歯の隙間に引っかかり、それを手で取りながら食べていることがわかりました。段々疲れてくると、箸も、スプーンも、面倒になるそうです。

渋谷ワーカーから、ご飯はおにぎりの方が食べやすいか、確かめたところ、そうしてほしい、ということでした。

彼は、福田さんと話し合い、栄養士とも相談しました。
その結果、おにぎりは咀嚼《そしゃく》(食べ物を噛み砕くこと)と嚥下の能力を考えて一口サイズのボール型に、また、おかずはなるべくスプーンで食べやすく、繊維質のものが歯に挟まらないように調理することになりました。

たとえば、おにぎりの形だけを取り上げても、三角型や俵型、ボール型などがあります。皆さんの食べたいおにぎりとはどのようなものでしょう。そこには、好みだけではなく、家々のスタイルや思い出など、味わいや食欲に影響する要素が多く含まれます。これも食文化です。
そして、それぞれの生活や生活文化を支えることも介護です。

バイステックはこうも述べます。

「クライエントを一方的に非難しない態度には、ワーカーが内面で考えたり感じたりしていることが反映され、それらはクライエントに自然に伝わるものである。」(18)

先のエピソードからも言えると思いますが、私たちの持つ価値観は人との関係性に影響を与えます。時には、その価値観の違いが摩擦を強め、衝突の原因になることさえあります。
援助者であれば、自分の価値観、更に言えば、自分の認識が援助関係にどのような影響を与えるのか、そこに気を配りたいものです。

　イギリスにはこんなコトワザがあります。

「Don't judge a man until you have walked a mile in his boots.」

　直訳すると、「その人のブーツを履いて一マイル歩いてみるまで人を批判するな」です。「ブーツを履く」は「その人の立場に立つこと」の比喩です。

　つまり、「その身にならずに人を裁くな」という意味になります。

　現実的には、誰もその人とまったく同じ立場にはなれません。既述のとおり、対象を百パーセント認識し尽くすこともできないのです。

　だからこそ、援助者にはそれを補う「想像力」と「思考力」が求められます。言い換えれば、「頭の中の目」と「心の目」を働かせることが求められるのです。

　そんな思いをコトワザに込めて。

〈狭い見方は裁きを生み、広い見方は想像を生む〉

3．「意図的な感情表出」の原則

　これは「クライエントの感情表現を大切にする」とも訳される原則です。この考え方を身近に感じるために、次のことを想像してみましょう。

・もしもあなたが悩み事を抱えているとしたら、誰に相談したいですか?
・その相談相手は、どんな人ですか?
皆さんが思い浮かべた人は、おそらく話しやすい相手だったはずです。かなり大雑把な言い方をすれば、その話しやすさがこの原則ということです。

その辺りについて、詳しく次のエピソードから見てみましょう。

心の糸

後輩の森岡義彦ワーカーから聞いた話です。

彼は、一日の大半をカーラジオとしか会話しない生活に嫌気がさし、運送屋さんから転職してきた新人です。人懐っこい性格で、無資格、未経験で入職したという私との共通性もあり、妙に気の合う後輩です。

ある日、彼は、利用者が車いすから飛び降りようとしているから来てくれ、と呼ばれました。彼が現場に駆け付けたところ、ヤケクソのように取り乱していたのは、秋田礼子さん(八十代女性)でした。

森岡君は、私から秋田さんの担当を引き継ぎ、彼もまた秋田さんとはお風呂で〝三助〟と呼ばれる間柄です。彼を呼びに来た同僚は、おそらく男性ワーカーの力で制止することを期待していたのかもしれません。

しかし、既に身体を車いすから落ちないように抑えられて、

「転落したら怪我をするからやめてください。怪我したら困るでしょ」と説得される秋田さんを見ていたら、彼はもうそれ以上に抑えようという気持ちにはなれなかったと言います。

彼は抑えているワーカーと代わりました。

どうしたのか、と秋田さんに尋ねます。

「うるさい。放っておいてくれ」秋田さんは感情をあらわにします。

「どうしたの？」

「もう、どうでもいいんだよ。だから、放っておいてくれっ」

「放っておけないよ。どうしたの。何があったのか教えてよ。水臭いよ。俺には教えてよ」

森岡君は、どうしても放っておけない気持ちになったそうです。

そんな彼に、秋田さんは少しずつ吐き出すように語り始めました。

事の発端は、数日前に秋田さんの隣部屋の大山ミツ江さんが、病院に救急搬送されたことでした。大山さんが余談の許さない状況にある、ということは、ワーカーのほとんどが感じていました。

秋田さんは毎日相談員のところに面会の申し出に行っていたようです。秋田さんは感情の起伏が激しく、気持ちが落ち込むと何も食べなくなることもよくある人です。

その日も、大山さんの面会に行きたいと相談員に訴えたところ、秋田さんは大山さんの現実を知らされたようでした。

意識がもう戻らないこと、気管を切開し人口呼吸器を装着して集中治療室にいること、施設を急に退居することが決まったことを、です。

相談員も説明に苦慮したのだろうと思います。大山さんの回復を信じて、それまで秋田さんには詳細を伏せていたのでしょうが、医師から告げられた事実をそのまま伝える方が、秋田さんを長く苦しめない、と考えたのかもしれません。

大山ミツ江さんがまだお元気だった頃、身に着けていたプラチナの指輪を秋田さんに形見として渡しておきたい、との申し出がありました。それが二人の友情の証として心の支えになるのであれば、と施設では例外的に認められました。例外的に認めさせたのは二人ともしっかりした判断ができることもありますが、それ以上に秋田さんと大山さんが大の親友だったからです。

秋田さんが大山さんを案じて食事を摂らないでいたことを森岡君も気にしていました。そこにきて、彼は秋田さんから大山さんの現実を知らされ動揺したようです。

彼にとって、大山ミツ江さんは秋田さんと一緒に初めて居室担当を任された方でした。しっかり者の大山さんは、素人同然の彼を気に掛けて、親切に施設のことや入居者のことを教えてくれていました。彼としても、大山さんは世話になりっぱなしで、お礼も伝えられないままに突然お別れすることになった人でした。秋田さんの話を聴いていた彼は、涙が止まらなくなり、気づくと、秋田さんを抱きかかえて一緒に床の上に座り込んでいました。

秋田さんにとって、大山さんは本当に大切な人でした。幼い頃から親と離れて施設で暮らしてきた秋田さんはこれまでの人生でも辛い思いを味わってきた人です。ようやくめぐり逢えた無二の親友との突然の別れに、不安や怒り、絶望に襲われたのだと思います。泣きながら話す秋田さんの話を、森岡君も泣きながらずっと聴いていました。

しばらく経ってから、秋田さんは彼にこんな言葉を掛けています。

「もう大丈夫だよ。あんたも忙しいだろ。車いすに戻るよ」

秋田さんは落ち着きを取り戻していました。

この時のことを森岡君は振り返り、秋田さんに対して自分は何もできなかった、と私に言いました。確かに、表面的に見える世界だけで言えば、彼の言うとおりなのかもしれません。

しかし、大切なものほど目には見えにくいものです。

バイステックは、クライエントの感情表現に必要な一つの要素に、**「真に人を援助したいというケースワーカーの願望」**[19]を挙げています。

そこで目には見えない援助者の認識の在り方について、バイステックの理論を基に考察します。

森岡ワーカーが駆けつけた時、秋田さんの心は、不安や怒り、絶望に揺さぶられていました。心という器の中でグチャグチャに絡まった糸が溢れ出し、自分の心の中が見えなくなっていました。

その際に、他のワーカーが車いすから飛び降りさせないように制止したのは、事故防止の観点から止むを得ない対応だったのかもしれません。

しかしそれだけでは、秋田さんの問題は解決されません。

コトワザの「思うこと言わねば　腹ふくる」のように、感情表出を抑制し続けると、心のモヤモヤの糸は複雑に絡まり膨張します。

それにもかかわらず、蓋をして閉じ込めようとすれば、心という器はパンクしてしまうでしょう。

また、溢れ出すモヤモヤの糸に埋め尽くされた心の器には、どのような助言であっても、入る隙間はないのです。そして、どのような専門職であっても、他者の心に直接手を入れ、当人に代わって糸を解くことはできないのです。

〈溢《あふ》れる心に助言の入る隙間《すきま》なし〉ということです。

援助者にできることは、当人が自分で心の糸を解くまで、あたたかく見守り待つことではないでしょうか。それがクライエントを支えることにつながります。

バイステックは次のように述べます。


「クライエントの感情表現を大切にするとは、クライエントが彼の感情を、とりわけ否定的感情を自由に表現したいというニードをもっていると、きちんと認識することである。ケースワーカーは、彼らの感情表現を妨げたり、非難するのではなく、彼らの感情表現に援助という目的をもって耳を傾ける必要がある。そして、援助を進める上で有効であると判断するときには、彼らの感情表出を積極的に刺激したり、表現を励ますことが必要である。」[20]（傍線　滝北）

バイステックのいう**「援助という目的をもって耳を傾ける」**について、既述の内容を踏まえ、私自身の言葉で表現すれば、
「援助者は、『心の目』をクライエントに向け、『頭の中の目』を働かせ、身を乗り出すように傾け、その人の問題の真なるものを、見ようとすること」になります。

4.「統制された情緒的関与」の原則

これは「援助者は自分の感情を自覚して吟味する」とも訳される原則です。簡単な言葉で説明すると、「援助者は自分の感情を念入りに調べ、自覚しコントロールする」ということです。

この原則について、バイステックは次のように述べます。

「ケースワーカーが自分の感情を自覚して吟味するとは、まずはクライエントの感情に対する感受性をもち、クライエントの感情を理解することである。そして、ケースワーカーが援助という目的を意識しながら、クライエントの感情に、適切なかたちで反応することである。」[21]（傍線 滝北）

バイステックが取り上げた三要素**「感受性」「理解」「反応」**は、互いに関連するものです。そのつながりは、既述の対象と認識と表現の関係で見ると捉えやすいでしょう。それを下の「図E」に示します。

「図E」に照らしながら、前項の車いすから飛び降りようとした秋田礼子さんと森岡ワーカーの関わりを見てみましょう。

たとえば、秋田さんの心情を対象とすれば、森岡ワーカーは、それに

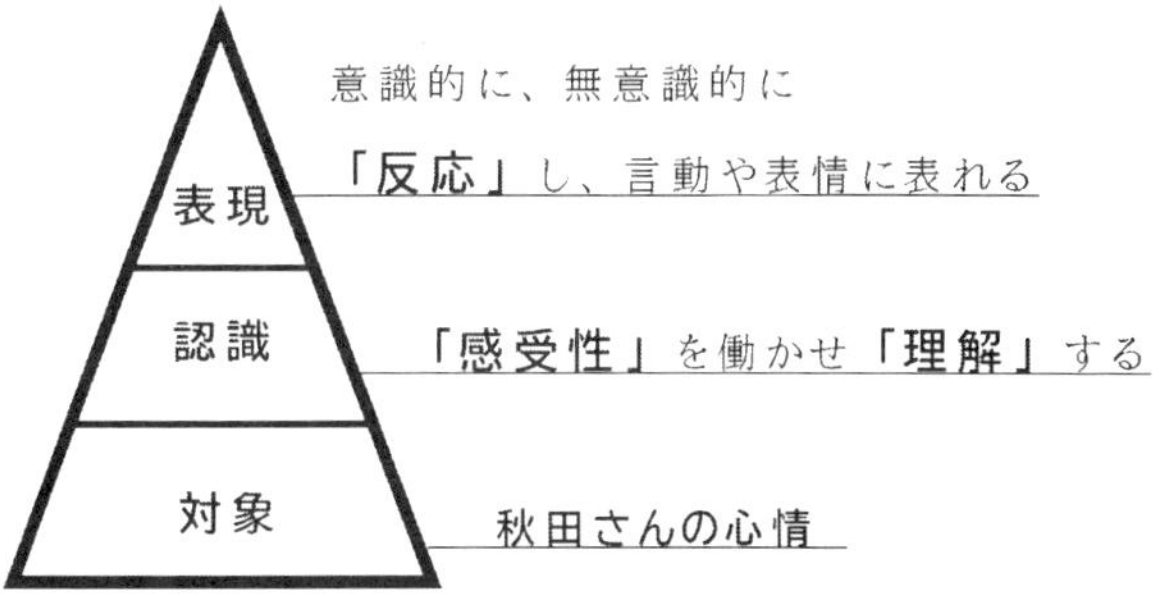

【図E：対象と認識と表現の関係における「感受性」「理解」「反応」】[22]

対して「感受性」を働かせて「理解」しようとしました。彼の認識は、秋田さんが親友大山さんとの突然の別れを受けとめられないでいる、というものです。

その認識に対する彼の「反応」は、秋田さんと一緒に床に座り込み、一緒に泣くというものでした。これは無意識に近いところでの表現でした。

このように、人の「認識」は、言動や表情、声のトーンなどの「表現」としてにじみ出るものです。コトワザでは、それを「顔に書いてある」や「顔に出る」などと言います。そのように、表現されるものを自覚し、コントロールすることをバイステックは援助者に求めています。**「援助という目的を意識しながら、クライエントの感情に、適切なかたちで反応する」**という言い方で。

では、どのように適切に「反応」すればよいのでしょうか。言い換えると、どのように認識し表現すればよいのでしょうか。

その辺りについて、次のエピソードから詳しく見てみましょう。

自分と向き合う

初夜勤で前田ワーカーが永井清子さんの背中をさする「手当て」を私は見ました。その一年後の話です。左片麻痺のある永井さんは、車いすで日中を過ごされます。右の手足を上手に使って自由に移動できます。そんな永井さんは、いつも私の姿を見かけると、近づいて話しかけてくれるようになりました。

そして、必ず私のすぐそばで「殺して」と言います。

昼も、夜も関係なく、いつも、一日に何度も、深刻な顔で「殺して」と言うのです。

私は、永井さんが暗い気持ちにならないように言葉を選びました。

「できるわけがないでしょう。そんなことを言うと幸福の神様が逃げていきますよ。もっと明るいことを考えましょうよ」

「暗いことを考え過ぎたら気持ちもどんどん暗くなりますよ」などと。

しかし、永井さんは来る日も来る日も、私に対して「殺して」と言います。なぜだか、その言葉は私ばかりに向けられました。

次第に、私は永井さんの姿を見かけると気持ちが重くなるように感じていました。正直なところ、永井さんの居る二階フロアから離れるとき、私はホッとするようになっていました。

ある夜、夕食後の就寝介助で、永井さんを車いすからベッドに移乗するため、私の身体につかまってもらいます。その際、耳元で永井さんの「殺して」という声を聞きました。

自分の気持ちがパンクするような気がして、私は自分の感情をむき出しでぶつけてしまいました。

「どうして僕にばかり、殺して、というのですか。他の人に言ってもいいでしょ。永井さんを避けているようなワーカーもいるんだから、そんな意地悪なことを言うんだったら、その人に言えばいいのに」

胸に溜まったものを私は吐き出さずにはいられませんでした。

「滝ちゃん、ごめんね。もう言わないから許して」

小声で申し訳なさそうに言う永井さんは、明らかに動揺していました。

私は、今でもあの時の自分を「クソ野郎」だと思っています。言ってはいけないことを言ってしまいました。

その日、夜勤を組んでくれていたのは前田明子さんでした。フロアが静かに落ち着いた頃、私は前田さんに正直に自分の失敗を打ち明けました。前田さんは、静かに聴いてくれました。

「滝ちゃんが、一生懸命に永井さんと関わっていたことは知ってるよ。永井さんもそれがわかっていて、あなたのところに近づいて行くんだよ。

私は偉そうなことは言えないけど、相手を敬う気持ちを忘れなければ、失敗しても許してもらえるんだよ」

その言葉に、私は救われました。そして、自分がどうしてこんなに動揺するのか、じっくりと振り返ってみようと思いました。

思い当たることは確かにあります。中学に上がるまでの数年間、母がうつ病を患い入退院を繰り返していたことです。

小学校から帰ると私は妹と二人で毎日病院に行き、面会時間が終わるまで、母のそばに居ました。母はベッドサイドで私の手を握り「死にたい」といつも泣いていました。

私にとって、「死にたい」や「殺して」という言葉は、今でも生々しい感覚を伴います。

正直な気持ちとして、永井さんに対して逃げ出したい自分がいたんだと思います。私は、自分の都合で永井さんの感情に蓋《ふた》をしようとしていたことに気づきました。

そのときから永井さんが私を追いかけるのではなく、私から永井さんに近づこう、と思いました。

介護の仕事は四六時中動きっぱなしですが、時間の細切れを継ぎ合せると、ちょっとした合間は作れます。

そうして私から声を掛けるようになりました。

おやつの台車を厨房に下げるときも、一緒に行くようになりました。

六月に入ると、玄関の花壇に水色の紫陽花が咲きます。その脇道を通ってゴミの回収場所にもよく行きました。その帰りに紫陽花を摘み、永井さんに花瓶に生けてもらいました。

その年の冬に、「虹の郷」の駐車場が一面真っ白になるくらいの大雪が降りました。北海道出身の永井さんに外の景色を見せたいと思い、雪だるまを作りませんか、と私は誘いました。

永井さんは介護の必要性から一人暮らしが難しくなり、妹さんが住む関東に引っ越してきた方です。雪国育ちなのに永井さんは寒がりです。一番厚手の上着に、フリースの膝掛けという重装備で行くことにしました。

玄関のある一階フロアに降りたところで、永井さんが寒そうにしているのが見えました。

「玄関の中からでも雪景色は見られますから。寒かったら、外の雪は僕が取ってきます。ここで待っていてくれますか？」

と尋ねたところ、永井さんは迷わず、一緒に行く、と答えてくれました。

「じゃぁ。年中汗かきの僕の上着でよかったらお貸しします。汗臭いかもしれないけど、これも上に着てください」

気兼ねさせないように冗談っぽく言ったのですが、永井さんは何度も「ありがとう」と口にされて、かえって気をつかわせてしまいました。

リンゴとメロンくらいの大きさの雪の塊を作って、私たちはすぐに二階の食堂に戻りました。持ち帰った雪は、テーブルの上でお皿に載せて雪ダルマにします。目玉はペットボトルのキャップです。永井さんに黒色のマジックでダルマの目入れをお願いします。

お年寄りたちが集まり、ちょっとしたセレモニーになりました。その後、暖房で汗をかき始めた雪ダルマには、食堂の永井さんの席から見えるベランダに引っ越してもらうことにしました。

私から近づくように関わり始めて半年が過ぎる頃、永井さんは次第に「殺して」と言わなくなっていきました。

「殺して」という言葉は、「好き」や「抱いて」というような表現に変わっていったからです。この言葉には、たぶん異性に対する恋愛感情のような意味合いも含まれていたように感じます。同僚の多くが女性スタッフであったため、年頃の彼女たちから冷やかされることがよくありました。

先輩女性に、忙しいから来て、と呼ばれ慌てて行くと、彼女たちから「ほら、滝ちゃん来たよ。永井さん何て言うの？」とけし掛けられました。いつも、私は気の利いたことが一つも言えませんでした。冷やかされて、その場を逃げ出す私はいましたが、永井さんのフロアを離れてホッとする私はもういなくなっていました。


このエピソードを、バイステックのいう「感受性」「理解」「反応」に注視しつつ振り返ってみます。

永井さんには、心の器に溢れるものを外に出したい、という思いがありました。その思いに対して、私は応えることができていませんでした。それは、「自分の知らない自分」が目と耳を塞いでいることを、私が「理解」できていなかったからです。そのために、「感受性」を十分に働かせていませんでした。

結果的に、永井さんの心の器に蓋をするような「反応」をしていたわけです。

先述の「クライエントの感情表現を大切にする」と「援助者は自分の感情を自覚して吟味する」は、表裏のような関係にあるとも言えます。

　クライエントの感情表現を大切にするためには、援助者は「感受性」を働かせ、クライエントの感情を理解する、と同時に、援助者自身の感情にも、「感受性」を働かせなければなりません。そして、「自分の知らない自分」が目と耳を塞ぐことがないように、「感受性」を曇らせるものを一つひとつ丁寧に剥がす。そのように自覚（認識）し、自分をコントロールすることが、援助を目的とする適切な「反応」（表現）として求められるのです。

　これを自分の感情をくぐらせコトワザに。

〈自分と向き合えない人に相手は見えない〉

5.「もっとも難しい技術」

バイステックは、クライエントの感情に対する援助者の反応について、次のように述べます。

「援助関係におけるもっとも重要な心理的要素であり、おそらくこれがケースワークにおけるもっとも難しい技術である。」(23)

彼が、おそらくもっとも難しい技術、とする理由とは何でしょうか。

それを探るために、もう一つ彼の言葉を引きます。

「ケースワーカーの反応は、それがワーカーの『心のなか』をきちんと通過したときにだけ意味をもつものである。『あなたの気持ちはよく分かる』とか『きっとつらいよね』などの言葉は、それがワーカーの心をきちんと通過したものでなければ効果はない。クライエントは、心を通過しないワーカーの言葉を見抜くものである。」(24)（傍線 滝北）

前述した私の永井さんへの「もっと明るいことを考えましょうよ」という言葉などは正に、**「心を通過しないワーカーの言葉」**でした。永井さんは完全にそれを見抜いていました。

この反省から難しさの理由を考察すると、二つの問題が浮上します。

認識の問題

難しさの理由の一つには、対象を認識し尽くせないという問題があります。私たち人間は、「認識する力」を持つと同時に、「認識を妨げるもの」も持っています。

先のエピソードのように、「目と耳を塞ぐ自分の知らない自分」を誰もが持っているのではないでしょうか。別の言い方をすれば、自覚していない価値観や固定観念、先入観、偏見のように、認識を妨げるさまざまな感情などを誰もが持っている、ということです。

また、私たちは人間である以上、善なるものだけを持つわけではありません。

つまり、自分という対象をありのままに捉えようとするとき、自分の内面にある「弱さ」「汚さ」「ズルさ」などとも向き合うことになります。そこには痛みが伴います。にも関わらず、援助者は自分の内面に目を向けなければならない。ここにも難しさがあります。

表現の問題

たとえば、クライエントは、ワーカーの言葉や態度という表現から、その奥にあるワーカーの認識を見抜くということがあります。このように、「伝えたいものが伝わらず、伝えたくないものが伝わる」などの表現し尽くせないという問題です。

それも難しさの理由に挙げられます。

そうした言葉や態度、情緒というやりとりの中で、ワーカーには、援助という目的を意識しながら、クライエントの感情に、適切なかたちで反応する「表現」が求められるのです。

これらが、バイステックに「難しい」と言わせる理由だと考えます。

実体験から言うと、私はクライエントの訴えや表現されるものに、心が揺れ動くことも、声が詰まることも、返答に困ることもあります。クライエントの抱える深刻な現実や胸の内を、どう捉え、どう関わればよいのか悩むこともあります。何もできない自分を無力だと感じることもあります。正直に言えば、時には「逃げ出したくなる自分」も私の中には存在します。

しかし、です。もし仮に、私が、「殺して」という永井清子さんや、車いすから落ちようとする秋田礼子さんと同じような状況にあるとしたら、やはり、「感情移入して巻き込まれるのは御免だ」という人には、ケアを求めたりはしないでしょう。

そんな人よりも、言葉に詰まるくらいに、一緒に悩む姿を見せる人を援助者として、私は選びたいです。永井さんが「殺して」と感情表現する相手を選び、仮に、私がそれに選ばれたのだとしたら、理由は、その「反応」にあったのだろうと推察します。

バイステックが言うように、反応が**「ワーカーの『心のなか』をきちんと通過したときにだけ意味をもつもの」**であれば尚のことです。

6．「受容」の原則

「受けとめる」とも訳される原則です。これについてバイステックは、次のように述べます。

「クライエントを受けとめるという態度ないし行動は、ケースワーカーが、クライエントの人間としての尊厳と価値を尊重しながら、彼の健康さと弱さ、また好感をもてる態度ともてない態度、肯定的感情と否定的感情、あるいは建設的な態度および行動と破壊的な態度および行動などを含め、クライエントを現在のありのままの姿で感知し、クライエントの全体に係わることである。しかし、それはクライエントの逸脱した態度や行動を許容あるいは容認することではない。つまり、受けとめるべき対象は、『好ましいもの』(the good)などの価値ではなく、『真なるもの』(the real)であり、ありのままの現実である。」(25)（傍線 滝北）

「許容」とは「そこまではよいとして認めること」であり、「容認」とは「よいとして認め許すこと」です。ここで言う「受容」は、「何でも受け入れる」ではなく、「倒れそうな状態にある者を支えるように受けとめる」という場面を思い浮かべた方がイメージしやすいと思います。

では、どのように受けとめるのか、ということですが、その具体例はこれまでに述べてきたエピソードの中にあります。

オムツ介助中に歌った佐々木ワーカーのバナナの歌も、

頻回にコールを鳴らし様々な訴えをする永井さんへの前田ワーカーの手当ても、手掴みでご飯を食べる福田さんにじっくり傾ける渋谷ワーカーの耳も、車いすから飛び降りようとした秋田さんと一緒に床に座り込み流した森岡ワーカーの涙も、これらすべては、「受けとめる」というものであっただろう、と私は考えています。

「受けとめる」とは、対象と認識と表現の関係で言えば、主に、「認識」に属するもので、「表現」によって相手に伝わるものです。

しかし、秋田礼子さんが車いすから飛び降りようとした行動は、彼女の認識を、胸の内をすべて表現しているものではありません。

また、永井清子さんの「殺して」という言葉も、同じく彼女の胸の内をすべて表現しているものではありません。

それらは、胸の内を部分的に表現したものです。その表現の裏側には、森岡ワーカーにも、私にも、計り知れないほどの思いが、秋田さんにも、永井さんにもあるということです。

クライエントのそのような思いのすべてを認識することは誰にもできないのです。

これに関連して、バイステックは次のように述べます。

「いかなるケースワーカーも、完璧に受けとめる技術はもっていないし、完璧になるように期待されてもいない。そのような技術をもつためには、神のような知恵をもち、人間のもろさから完璧に脱却しなければ

ばならないからである。しかし、すべてのケースワーカーは、日常の臨床のなかで、つねに自らを改善する余地はもっているし、クライエントを受けとめるために、より優れた技術を獲得しつづける責務も負っている。」(26)（傍線　滝北）

この言葉は、認識し尽くせない、また、表現し尽くせない人間の有限性を認めるものです。そうでありながらも、その限界を超えていく可能性も持つことを伝えています。

では、ワーカーの**「自らを改善する余地」**とは何でしょうか。

次のエピソードから考えてみたいと思います。

見方は味方

日中、「虹の郷」のワーカー室前には、いつもだいたい決まった顔ぶれのお年寄りがいます。安全面などから、どなたもあまり目を離すことができない方々です。

その中の一人に下平ふみさん（八十代女性）がいます。下平さんは、日中のほとんどを車いすに座りワーカー室前で過ごされます。アルツハイマー型認知症がかなり進行し、食べ物ではない物を口に入れる異食行為があるため、見守りの必要性が高いからです。手は自由に動かせますが、車いすの操作方法を理解できないため、自走することはありません。発語も見られますが、会話において自分の言葉も相手の言葉も、その意味をおそらく半分も理解していないと思われます。

しかし、場の雰囲気やワーカーの表情、声のトーンなどには敏感に反応されます。特に、若い女性のキンキン声に対しては、「てめえがバカなんだよ」と大声を出すこともよくあります。そんな下平さんは、江戸っ子でハッキリとした性格の方です。

下平さんは以前の入居施設では、暴言や暴力、異食等の問題行動あり、という見方をされている人でした。実際に、「虹の郷」に入居したばかりの頃も、ワーカーの手を払いのけたり、大声で怒鳴ったりする姿がよく見られました。ふみさんはケアの難しい方だ、というワーカーの声も多く、私もそう思っていました。

しかし、こんなことがありました。

車いすからベッドに移乗する介助の際、私は自分の身体につかまるようにふみさんに声を掛けました。けれども、ふみさんは全然つかまってくれません。

私は、言葉だけでは伝わりにくいのだ、と思いました。

そこで、自分の首を差し出すように、ふみさんに近づきます。自分の首をトントンとたたきながら、「ここにつかまってください」と言いました。しばらく待ちましたが、まったくつかまる気配はありません。

ふと見ると、ふみさんは私のシャツが気になるらしく、シャツの裾を指でつまんでいました。そして、洗濯物を干すように、ピシッ、ピシッ、としわを伸ばしてくれました。こんな風に、ふみさんは夫や子ども、孫の世話をされていたのだろう、と思いました。

よく面会に来られる娘さんの話では、ふみさんは、厳格な人で躾にも厳しかったそうですが、世話好きで情に厚い人でもあったそうです。〈見方は味方〉です。

ふみさんの身構えるような言動は、環境に馴染むかのように日に日に減っていきました。

ワーカーが廊下を行ったり来たりしていると、ふみさんが、ご苦労様、というように会釈してくれるようになったのも、そんな変化の現れでした。

新人の森岡義彦ワーカーも、会釈してくれるふみさんに気づきました。それから彼は、必ずふみさんと目を合わせて会釈を返すようになりました。彼には、ふみさんが新米の自分を応援してくれているように思えたそうです。

どう関わればよいのか？

下平ふみさんには、ある癖があります。時々、自分の上履きを美味しそうに口にされるのです。そんな時でした。

上履きに気づいたワーカーBさん（二十代女性・介護福祉士）が、

「ふみさん。ダメだって。靴は食べ物じゃないよ。汚いからダメだって言ってるでしょ。口に入れるものじゃないでしょ」

とキンキン声で言い、ふみさんから上履きを取り上げようとします。

感染予防という観点から見れば、Bワーカーは間違ったことを言ってはいません。

それに、いつも面会に来られる娘さんの気持ちを察すると、自分の母親が上履きを口にする姿は見たくないものです。

しかしそれでも、森岡君には、Bワーカーが下平さんから大事なものを取り上げているように見えて仕方がなかったそうです。

上履きをBワーカーに取り上げられた下平さんは、たんかを切るように言いました。

「何すんだっ。テメーは。そんなに欲しいのか。欲しけりゃくれてやらーっ」

Bワーカーに対して発せられた言葉でしたが、森岡君は躊躇していた自分も喝を入れられたように感じたのでした。

無資格・未経験で入職したというコンプレックスを持つ彼は、知識や経験の不足を言い訳に、下平ふみさんとちゃんと向き合えていない自分が情けない、とこのときの心境を私に打ち明けてくれました。

それから彼は、次に同じような状況に出くわしたとき、どう関われればよいのかをずっと考えていました。

「向き合う」ということ

数日後、ふみさんが上履きを口にしている場面に、森岡ワーカーは出くわします。

彼は自分だったらこんな風に関わりたいと思っていることを実践しました。

お風呂の誘導係だった私は、彼のことが気になり、しばらく二人の様子を見ていました。

森岡ワーカーは背中を丸めて、ふみさんの車いすの横にしゃがみ込みます。

彼は自分のお腹をさすりながら、

「お腹が空いたなぁ。朝から何も食べてないもんなぁ。これじゃぁ、力も出ないよぉ。

あっ。ふみさん。こんにちは」と会釈します。

ふみさんも、ニコリと会釈を返します。

森岡ワーカーは続けます。

「ふみさん。それ（上履き）美味しそうですねぇ。よかったら、僕に少し分けてくれませんか？

実は、朝から何も食べてないんです」と。

都合の良いお願いですから、彼はダメで元々だと思っていたそうです。

しかし、です。

「あっ、いいよ」

ふみさんは微笑み、上履きを彼に差し出していました。

ふみさん自身が美味しいと思っているものを、自分のために譲ってくれたと思った彼は、

「ありがとうございます。ふみさん。僕は嬉しいです。本当にありがとうございます」

と、深々と頭を下げていました。


森岡ワーカーのエピソードを振り返り、「受けとめる」ための「自らを改善する余地」について考えます。

実際のところ、新人の森岡ワーカーは、「ケースワーク」という概念も、バイステックの名前も知らなかったはずです。

しかし、人として下平さんと向き合う中で、「尊厳」や「敬意」を符号化された言語としてではなく、自分の心の中を通して捉えようとしていたのではないでしょうか。

そして、「尊厳を守る」「敬意を払う」という抽象概念を具現化する彼自身の方法を見つけ出したのです。

これは日常の臨床の中から掴みとった知恵とも言えます。

〈上から目線ではアンダースタンド《支えるために下に立つ》できない〉ともいうべき知恵を、です。

バイステックの言葉に次があります。

「ケースワーカーは、しっかりと自分の内面にある感情を見つめることによって、それらの知識を確かめ試さなければ、それらの知識は役立たずに終わってしまう。」(27)

つまり、「知識⇅実践」という思考をどのように働かせるのか、その「どのように」には、援助者の内面感情がにじみ出る、ということではないでしょうか。

森岡ワーカーは、上履きを口にする下平さんに対して、業務マニュアルにも、教科書にもない「自分の生かし方」を発見しました。ここには確かに、森岡ワーカーの内面感情との結びつきがあります。

彼は、間違いなく、「敬意」と「心の目」を下平さんに向け、「頭の中の目」を働かせていました。そして、援助したいという願望をエネルギーとして、自分も生かし、相手も生かすように実践したのではないでしょうか。

自らを改善する余地

繰り返しますが、私たちは、対象を認識し尽くすことも、認識を表現し尽くすこともできません。その私たちにバイステックは**「すべてのケースワーカーは、日常の臨床のなかで、つねに自らを改善する余地はもっているし、クライエントを受けとめるために、より優れた技術を獲得しつづける責務も負っている。」**という言葉を残しました。

考えます。

「自らを改善する余地」とは、言い換えれば、「生きる知恵につなげる可能性」なのではないか、と私は

そして、「生きる知恵」とは、「相手も生かし、自分も生かそうとする人生テツガク」だと捉えています。

では、その可能性をどのように探り獲得し続ければよいのでしょうか。

先に挙げたバイステックの**「ケースワーカーは、しっかりと自分の内面にある感情を見つめることによって、それらの知識を確かめ試さなければ、それらの知識は役立たずに終わってしまう。」**という言葉は、庄司和晃氏の理論とも深くつながるものです。

知識を役立たずで終わらせず、真に獲得するためには、日常の臨床の中で鍛えていくことが求められます。「鍛えること」とは、ワーカー自身の心の中を通して、「知識・理論など」と「経験・実践など」のつながりを確かめ、試し、実用性を高めることです。また、実践で掴みとったものを理論化することでもあります。この繰り返しが、認識をより深く、より広く、確かなものにしていきます。そのような実践化と理論化の繰り返しの中で「頭の中の目」と「心の目」が鍛えられていくのです。

つまり、それは認識の「三段階」を「のぼりおり」する思考活動の継続に他ならないのです。

第2節　「表現作品」としての介護

1.　教育の本質

本章では「生きる知恵」をテーマとしていますが、そもそも「教育」とは一体何なのでしょう。これも「尊厳」と同様、抽象概念です。ぼんやりとした説明になりやすい言葉の一つではないでしょうか。

その「教育の本質」について、ズバリと明言する教育学者がいます。庄司和晃氏は、教育の本質を**「渡世法体得」**とし、次のように言い切ります。

「コノ世ヲ渡ルベク、□ノ生キ方ヲ学ビトリ、身ニツケ、行使スルコトデアル」[28]

□内を介護職とすれば、「この世を渡るべく、介護職の生き方を学びとり、身につけ、行使すること」が、介護教育の本質になるわけです。

言い換えれば、「生き方の学びとり」であり、「テツガクすること」や、「テツガクを人生や生活に生かすこと」とも言えるでしょう。

言うまでもなく世の中は、理想や綺麗事だけで構成されているわけではありません。

たとえば、電車内でお年寄りに席を譲る人もいれば、優先席にどっかり座ってお構いなしとばかりに携帯電話をいじっている人もいます。また、法の番人であるはずの警察官の中にも、法の裁きを受ける人もいます。一生懸命に働く介護職もいれば、介護とは真逆の行為によりニュースを騒がせる人もいます。それらも現実世界の一部です。

では、そんな世界を構成する私たちの内面はどうでしょうか。

実際のところ、光もあれば、影もあります。私たちの中には、善なる自分もいれば、そうではない自分も存在します。両者の葛藤が悩みの種になることもあれば、成長の糧になることもあるわけです。

また、庄司氏の認識の理論で見れば、「生き方の学びとり」とは、経験や実践から大切なものを掴みとる概念化であり、それを頭の中で整理する理論化でもあるでしょう。これは、具象から抽象へ認識の段階が移行する「のぼり」になります。

一方、「行使」とは、身につけた知識や頭の中にある理論を実践化や実用化することです。これは抽象から具象へ認識の段階が移行する「おり」になります。

このように「のぼりおり」する思考を、世を渡る力として生かすことが「教育の本質」と考えることもできます。

そこで、介護職としての「抽象⇅《のぼりおり》具象」を、より実感できるように、私の身近な現実「虹の郷」での実践を基に話を進めます。もちろん、綺麗事ばかりに偏ることがないように、です。

そして、介護職の生き方の学びとり、すなわち「生きる知恵」について考えてみようと思います。

2．「コミュニケーション」

新人の頃、先輩ワーカーから「利用者とコミュニケーションを取ってください」とよく言われました。

利用者理解を深めるためにも、それが大切だと理屈ではわかるのです。

でも、感覚が追いつきません。いざ利用者の前に出ると、自己紹介の後、二言三言で沈黙。「一体何を話せばいいのやら。トホホ」と、私の顔にはそう書いてあっただろうと思います。

当時の私にとって、半世紀も年の離れた高齢者とのコミュニケーションは、手掛かりの無い岸壁をよじ登るような感覚でした。

そして、思うのです。

「コミュニケーションって一体何？」と。

改めて問われると、これは実に説明に手こずる言葉ではないでしょうか。

辞書では、**「社会生活を営む人間の間に行われる知覚・感情・思考の伝達。言語・文字その他視覚・聴覚に訴える各種のものを媒介とする。」**[29]と説明されます。これは抽象概念です。これだけではなかなかイメージしにくいため、例を挙げます。

たとえば、「掛け声」です。

椅子やベッドなどから立ち上がる介助をする際、介護職は「1、2の3」などと声を掛けます。

しかし、その掛け声は、一体誰にとっての「1、2の3」なのでしょうか。

私は、介護職には二種類の人がいると思っています。

一方は、介護職のタイミングで「1、2の3」と言う人です。

もう一方は、利用者と息を合わせるように「1、2の3」と言える人です。

このような掛け声にも、「コミュニケーション」について考えるヒントがあるはずです。

更に具体的な例として、私が特養で働き始めて三日目くらいの話をします。

財布が無い？

十四時を過ぎた食堂に、数名のお年寄りがテーブル席にいました。コミュニケーションを図ろうと私は近づきます。

車いすや杖の片隅に、名前が書かれてあれば、それを手掛かりに私は挨拶します。

しかし、自己紹介の後が続きません。意識すると、かえってぎこちなくなるものが、私にとってのコミュニケーションでした。

そんな中、一人関西訛りのおばあさんがいました。出身地を尋ねると、私と同郷の大阪です。

香川ひさ江さん（八十代女性）は、女学校出の今でいうOLさんをしていた方です。幾何学模様のブラウスにスカート、金縁の眼鏡を掛けたおしゃれな方です。同郷の話から仕事の話へと、会話が珍しく広がりました。近くにいたおばあちゃまこと杉浦さんも話に加わり、私たちのテーブルは少し賑やかになりました。

次第に話題の中心が杉浦おばあちゃまのお孫さんに移っていきました。

すると、先ほどまで穏やかだった香川さんの顔色が変わり始めます。

「財布が無いんやけど……。部屋に置いてきたかなぁ」

不安そうな香川さんが気になり私から、

「それでしたら、お部屋を探してきましょうか」と伝えました。

改めて四人部屋の一角にある香川さんの居住空間を見回すと、整理整頓が行き届いている、というか、スッキリし過ぎている印象を受けます。床頭台や棚の上に何も物が置かれていないのです。棚や引き出しの中も、衣類が綺麗に畳まれ、整然と並べられています。居室を隅々まで探しましたが、財布らしい物は何も見つかりませんでした。

食堂に戻り、財布が無いことを先輩ワーカーの田仲恵子さんに報告します。

すると、

「香川さんは認知症が進んでいるから、財布自体持ってないのよ。金銭管理は事務所で全部やっているから」

と教えてくれました。

部屋中を探しても出てこないわけです。

香川さんが認知症であったことにも驚きましたが、それ以上にまったく気づけなかった自分の観察力に唖然としました。時間を費やしてしまったなぁ、と反省している私のところに、田仲ワーカーが唱歌や懐メロの歌集本を持ってきてくれました。

「学校で歌を習ったことがあるでしょう。その中で、お年寄りが知っている歌を一緒に歌ってみたら」

「わかりました。やってみます」

私は、慣れない仕事での自信の無さから、自分の背中が小さく丸くなっている気がしました。だから、思い切り胸を張り、「ふじの山」を歌うことにしました。

あたまを雲の上に出し
四方の山を見おろして
かみなりさまを下にきく
ふじは日本一の山

（「ふじの山」作詞 巌谷小波　作曲 不明）

すると、さっきまで財布を無くしたと不安そうだった香川さんが、悪戯っぽく私の顔をのぞき込んできました。

「あんたの歌、下手やねぇ」

明るい声でした。

「やっぱり、そう思いますか。実は、今まで一度も上手いと言われたことがないんです」

と返答する私に、田仲ワーカーは大笑いしながら助言をくれました。

「滝北さん。香川さんに歌を教えてもらうといいよ」

私は香川さんの横に座り直し、

「香川さんは歌がお上手なんですね。よかったら僕に教えてください。一生懸命、練習します」

とお願いしました。香川さんは、ニコリと承諾してくれました。

田仲さんが話に加わります。

「凄い才能じゃん。そんなに面白い歌は初めてだよ。滝北さんは歌の才能は無いけど、笑いの才能があるのね。また歌ってよ。約束だからね」

香川さんの歌の感性も、田仲ワーカーの才能を見抜く眼力も、確かに鋭いものでした。


それから何年も、香川さんからよく歌を聴かせてもらいました。小柄な香川さんはあまり大きな声を出せるほどの体力はありません。チェアインバスという椅子ごと座ったまま入るお風呂（機械浴）に浸かっているときも、介助者が身体を支えていないと姿勢が崩れて溺れる心配もあるくらいです。

身体の支え方は、介助者によってそれぞれですが、私は横並びになり肩を組むように両肩を支えます。そうすると、小さな歌声でも耳元なのでよく聴こえます。歌う顔がとても気持ちよさそうでした。

私からリクエストする歌は、「真白き富士の根」です。この曲は、聖歌が起源と考えられています。

真白き富士の根　緑の江の島
仰ぎ見るも　今は涙
帰らぬ十二の　雄々しきみたまに
捧げまつる　胸と心

（「真白き富士の根」作詞　三角錫子　作曲　インガルス）

香川さんの歌は、時間に追われる仕事の中で私自身が機械のようにならないように、と気持ちを鎮めてくれました。機械仕掛けのお風呂の中でも、香川さんの歌声は、「洗う・洗われる」だけの関係ではない人間味を感じさせてくれます。あのとき、田仲ワーカーが、まだ場に馴染めない新人の私と、お年寄りとの間に、橋を架けるように、大笑いしながら助言をくれたのだ、と今でも思います。

そして、香川さんたちお年寄りとの日々を重ねる中で得た思いを、「コミュニケーション」という概念に込めてみたいと思います。

「コミュニケーション」の表象

例えて言えば、次のような動作でも説明できるでしょう。できればその動作を実際にお試しください。

（動作説明）

❶ 仲間に協力してもらい、二人組になります。

❷ 二人は背中合わせで床に座り、お互いの両腕を組みます。

❸ 一切無言でお互いに息を合わせるように二人一緒に床から立ち上がります。背中合わせのため、アイコンタクトはできませんが、それでも、一切声を出しません。

呼吸を合わせ、心の中にあるお互いの「1、2の3」を見つけ出すようにします。

支え合うような感覚が得られれば、きっと、一緒に立ち上がることができるでしょう[30]。

私は、ここに介護に通じる「コミュニケーション」があるのではないかと考えます。

「コミュニケーション」とは何か

〈Communication〉の語源は、**『ラテン語で『分かち合う』を意味するcommunicare。』**[31]とも言われます。「コミュニケーション」とは、互いに自分から相手に向かう道を作り、その二本の道が、間で一本につながり、それを「分かち合う」ようなものではないでしょうか。

そのような「コミュニケーション」により、二人一緒に床から立ち上がるのであれば、それは、共に作り上げる「立つ」という「表現作品」とも言えるでしょう。

立位や入浴、食事などの介護場面においても、「立たせる・立たされる」「洗う・洗われる」「食べさせる・食べさせられる」という関係しか作れなかったら、それは一方的なものであり、お互いにとって実に〝味気ない〟ものです。

だからこそ、そこに〈人間味〉を注ぎ込むものが、「コミュニケーション」なのです。「コミュニケーション」とは、「互いに認め合える関係を作ろうとすること」だと私は考えています。そして、それ次第で、「介護」も、「生活の質」も、味わいが変わるはずです。

先述したように、私は介護を「表現」として捉えています。更に言えば、介護は相手（クライエント）と共に作り上げる「表現作品」です。

たとえ相手が筋力低下で身体を動かすことができないとしても、その関係において、「一緒に立ちたい」「一緒にご飯を食べたい」「一緒に歌を歌いたい」という気持ちを動かし合えれば、立位も、食事も、歌も、共に作り上げる「表現作品」になるのではないでしょうか。

〈コミュニケーション　互いを結ぶ道作り〉

3.「チームケア」

「チームケア」とは、辞書では**「医療関係者と福祉関係者とが一体となって行う介護。」**[32]と説明される言葉です。

この説明だけだと、私は何だか物足りなく感じます。介護を「提供する・提供される」だけの関係のように感じるからなのかもしれません。その理由について、「表現作品」としての「介護」という視点で述べます。

チーム

坪内ケイさん（八十代女性）は、会話による意思疎通は可能ですが、認知症のため興奮すると相手からの話が耳に入らなくなります。不安な気持ちが強まると、泣き叫ぶこともあります。時には、自分でテーブルに頭をゴツン、ゴツンと、ぶつけることもある寂しがり屋さんです。便秘が続く日には、お腹の不快が気持ちにも影響するのでしょう。特に落ち着かない様子が見られます。

坪内さんは日中傾眠していることも多く、昼夜が逆転する傾向にありました。眠れない夜にはシリトリをしたり、歌を歌ったりしながら私は一緒に過ごすようにしていました。一～二時間して少しずつ疲れが見え、うとうとし始めた頃合いを見計らって、寝床に誘導します。坪内さんが眠りにつくまでの間、私は畳の上で薄目を開けて添い寝をします。

しかし、もう少しで寝付きそうだというときほど、不思議とナースコールが鳴るものです。そして、コール対応から戻ってくると、大抵、目がパッチリでした。また振り出しに戻ってシリトリからのやり直しです。深夜であれば、シリトリや歌にも付き合えます。他の人からのコールがあれば、「ちょっと呼ばれたので行ってきます。歌を歌っている間に戻ってきますから」と説明すると、少しの間なら待ってもらえました。

けれど、明け方になるとそういうわけにはいきません。利用者の起床介助や排泄介助が立て込むからです。どうしても坪内さんを一人にする時間が増えます。明け方、まだほとんど誰も起きていない時間ですから、一人で食堂にいるのはきっと心細かったのでしょう。不安そうな泣き声が、聞こえることもありました。わずかな介助の合間を見て、坪内さんに声を掛けに戻り、また他の人の介助に入るという繰り返しで対応していました。

そんなとき、いつも気がつくと百瀬恒夫さん（七十代男性）が坪内さんの近くに居てくれました。百瀬さんは左半身に麻痺がありますが、一人で杖歩行ができるまでに回復された方でした。自宅の建て替え中に、「虹の郷」のショートステイ（短期入所生活介護）を利用されていました。

百瀬さんは、夜明け前の外がまだ真っ暗な時間から身支度し、坪内さんのところに来てよく話し相手になってくれました。時には、坪内さんが落ち着くように、一緒に童謡を歌う姿も見えました。

そんなとき、私から、ありがとうございます、と声を掛けると、

「自分のリハビリにもなるからいいんだよ」

と照れ臭そうに答えるのが、百瀬さんでした。

そんな百瀬さんに、私はどうしてそんなに親切になれるのか、と尋ねたことがあります。

百瀬さんは、「あの泣き声はこっちも悲しい気持ちになるからだよ。だから、笑ってくれた方がうれしいんだよ」と理由を教えてくれました。

百瀬さんには、脳梗塞により入院中のベッドの上で動けなかった時期もあっただろう、と思います。そんな自分の不安や辛さ、寂しさと重ねるように、坪内さんを気に掛けていたのかもしれません。

私は、介護のことは介助者の立場でしか体験していません。入院中のベッドで動けなくなった経験もありません。だから、利用者から教えてもらうことがたくさんある、と思います。


半年が過ぎた頃、百瀬さんが自宅に戻る日が来ました。

荷物は、家族が先に玄関まで運んでくれました。フロアにいた職員皆で、エレベーターの前まで百瀬さんを見送ります。

いつものように、百瀬さんは、丁寧に皆に挨拶していました。エレベーターの中で振り返った百瀬さんは、目にいっぱいの涙を浮かべて「ありがとう」と、声を掛けてくれました。

「こちらこそ」と伝えたかったのですが、声になりませんでした。百瀬さんは、私にとって、介助者に求

められるものが何かを教えてくれた人です。そして、「チーム」という仲間の中に利用者が含まれていることを教えてくれた人でした。

「チーム（team）」とは、**「ある目的のために協力して行動するグループ。組。スポーツや共同作業についていわれる。」**(33)と解説される言葉です。

その意味でも、「介護」は「クライエントと援助者が共に作り上げる共同作品」であり、「教えたり・教えられたり」「支えたり・支えられたり」という関係の中で、「人柄と間柄が織り成す表現作品」でもある、と言えるのではないでしょうか。

〈「ともに」の中に友がある〉

4．「生活の継続性」

「介護」の基本理念と考えられるものに「生活の継続性」があります。私は、この言葉を聞くと、思い出す人がいます。「生活の継続性」という抽象概念に現実味を持たせてくれるその人の話をします。

メリヤスのパンツ

「虹の郷」に勤めて半年くらい経った頃、居室担当を任された秋田礼子さんから、よく買い物を頼まれるようになりました。大体はお菓子類です。特に、「シベリア」というカステラに羊かんを挟んだような和洋菓子が秋田さんのお気に入りでした。いつも買い物を届けると、「お礼だ。取っとけ」と買ってきたお菓子を私に渡そうとします。買ってきた物を頂いては意味が無いので、丁重に断ろうとしますが、個包装の羊かんやらを二～三個、ポケットにねじ込んできます。

そんな秋田さんですが、その日は少し様子が違いました。

夕食後、食堂を掃除している私に、秋田さんは妙に遠慮がちです。

「悪いんだけどよぅ。買い物頼めるか？」

今更何を気兼ねしているのか、と思った私は、

「いいですよ。何でも買ってきますから言ってください」と気軽に返しました。

車いすの秋田さんは私に近づき、小声で言います。

「メリヤスのパンツを買ってきてほしいんだ。『股割れパンツ』っていうんだけどよぉ。頼めるか？」

メリヤス？　股割れパンツ？　何だかわからないけれど、帰りに大型スーパーに行けば買えるだろう、と気軽に引き受けました。

秋田さんとは、冗談も言い合える間柄になっていましたが、それでも男性ワーカーに下着の買い物を依頼するのは気兼ねするだろう、と思ったからです。

遅番の帰りでも、大型スーパーには、閉店二十分前に着きました。上りのエスカレーターに乗り、カラフルなランジェリーを身に着けたマネキンが目に入ると、急にソワソワした気持ちになりました。女性用の下着売り場に入るのは生まれて初めての経験だったからです。場違いなところに来たという実感がわいてきました。

とは言うものの、メリヤスって何？　わからなければ、店員に尋ねればよいと気楽に構えていたのですが、弱りました。売り場には、若い女性店員が一人しかいません。年配の店員の方が、私としては恥ずかしくないのに。周りを見渡しても、店員はレジ締めをしているその一人だけです。

閉店前なので躊躇している時間はありません。思い切って尋ねることにしました。

「あのぅ。下着を探しているんですけど……」

「はい。どのような下着ですか？」

「女性物の下着で、メリヤスのパンツを探しています。座るときに股がパカッて割れる『股割れパンツ』ってヤツなんですけど、そういうのって知ってます？」

女性店員の顔色はみるみるうちに変わっていきました。

「そのようなお品は、うちでは扱っておりません」

彼女の冷たい声と眼差しから、若い女性をからかうスケベ客だと誤解されたことを悟りました。

介護の仕事で利用者に頼まれた、と初めに説明していれば良かったのですが、時すでに遅し。すぐにその場から脱出しました。

当時はまだ今のようなネット社会ではなかったため、「股割れパンツ」の捜索には女性の相棒が必要でした。そこで、秋田さんとも仲の良い遠島未優来ワーカーに相談したところ、買い物に付き合ってくれることになりました。彼女の情報によると、巨大ターミナル駅の周辺には、ランジェリーショップが、十店舗以上もあるとのことでした。早速、次の休日に捜索開始です。

一軒ずつ聞き込みをして回りましたが、繁華街にある専門店でもなかなか見つかりません。

地下街の店を回って七店目で、ようやく有力な情報が得られました。

店員の話によると、和服屋さんにならあ目当てのものがあるのかもしれない、とのことでした。それから、デパートのテナントに入った着物屋を訪ねて、ようやく目的を果たすことができました。

「股割れパンツ」は、別名「股割れショーツ」や「和装下着」とも呼ばれるものでした。

和服の女性はトイレで下着を脱ぎ履きすることが難しく、着崩れの原因にもなります。そこで、下着を下ろさなくても、用が足せるようにデザインを工夫したものでした。

また、「メリヤス」は、ニット帽などのニット編みのことを言います。ニット帽は、頭の形や大きさを問いません。靴下もよく見ると、足首の上の部分がニット編みになっています。縦横の伸縮性に優れたこの編み方で靴下のずり落ちを防いでいます。ちなみに、秋田さんのような年代の方がいう「メリヤス」とは、主に、ニット編みの綿製品を意味しています。

秋田さんは、幼いころから左片麻痺の不自由さを持ちながら暮らしてきた方です。様々な病気と闘ってきた人でした。ロングスカートと股割れパンツの組み合わせは、長年の生活の中から生まれた知恵でした。秋田さんは、右の手足を使い車いすでトイレまで移動します。そして、右手で手すりにつかまり立ち上がります。手すりから右手を離す時間は短い方が良いのです。できる限り短い時間でスカートをたくし上げて便座に座るには、「股割れパンツ」は理に適《かな》うものでした。もし、着脱の動作に時間がかかれば、その分、立位のバランスを崩しやすくなるからです。

ドイツのコトワザに「服は人を作る」があります。その人の印象に服装が与える影響を意味する言葉でもあります。しかし、自分の好みやおしゃれを楽しむことが、「自分らしさ」の表現でもあることをこの言葉から感じます。

秋田さんは、晩年まで介助者の手をほとんど借りずにトイレで排泄することができました。幼い頃から介助を受けることの多い生活の中で、トイレくらいは人の世話にはなりたくない、と強く思っていたのでしょう。そんな秋田さんは、喜怒哀楽がハッキリとした性格で、義理と人情に厚い人でした。

ビール工場の見学

秋田さんは、晩年、癌が全身に転移し、痛みと闘う日が続きました。そうした中で、痛みの緩和ケアも視野に入れ、療養型の医療施設に移るかどうかをケアマネジャーから確認したところ、秋田さんの気持ちは、住み慣れた「虹の郷」にできる限り居たいというものでした。

その秋田さんとビール好きのお年寄りたちで、ビール工場の見学に行きました。当日の朝、珍しく秋田さんは体調がよく、外出することができました。皆と乾杯できると喜んでいた秋田さんでしたが、見学の途中から痛みでベンチから動けなくなりました。付き添いワーカーの前田明子さんの膝にかぶさるように秋田さんは横たわっていました。前田さんがずっと背中をさすっていました。それが「虹の郷」での最後の外出でした。

痛みの限界だったのでしょう。それから間もなくして、秋田さんはホスピスケアの施設に移ることになりました。その後、すぐに息を引き取られたとの知らせがありました。

「生活の継続性」という言葉は、秋田さんのことを思い出させてくれます。住み慣れた地域での生活は施設に入居することで少なからず途切れる部分があります。その中で、こんな言葉が頭に浮かびます。

「郷に入っては郷に従え」

その土地の習慣ややり方に従うのが良いなどの意味を持つコトワザです。施設での暮らしを長くした秋田さんは、こんな言葉で、何度も自身に言い聞かせてきたのではないでしょうか。

「生活の継続性」という理想と現実。秋田さんが継続したいと思えた生活の中に、私たちの関わり合いが含まれていたことを祈るばかりです。

「郷に入っては郷に従え」は、生きる上での妥協点を見出そうとする言葉のようにも感じます。だけど、私は「虹の郷」の介護職として、その人が生涯で形成する人間関係の一部となり、生活を継続したいと思える一員でありたいと願います。これを実践に生かすことが「生きる知恵」でもあるでしょう。

私たちにとって、自分を取り巻く環境は、必ずしも快適で理想的なものとは限りません。多少のことであれば、「郷に従え」というように自分の方から環境に合わせて適応しようとするはずです。たとえば、和式の便器しかなければ、それを使用するように、です。

しかし、加齢や怪我、心身の疾患などが加われば、自分から環境に適応することも難しくなります。そう考えた場合、介護職は、「郷に従え」と思わせる人ではなく、「メリヤス」のように「肌に合う」存在、「同郷のよしみ」ともいうべき親しい間柄、そう思われる人でありたいものです。それが、生活を継続したいという意欲に大きく関わる、と考えるからです。そんな心持ちをコトワザに込めます。

〈郷《ごう》に入《い》れば、同郷《どうきょう》のよしみ〉

5. 「感染予防」

新型コロナウイルスの猛威を知る多くは、「用心は深いほど良い」と思うでしょう。感覚的にも、イメージ的にも、私たちは嫌と言うほど感染予防に意識を向けてきたはずです。

では、「感染予防」とは、理論的に捉えるとどのようなことなのでしょうか。

それについて簡単に説明します。少しだけ理屈っぽいかもしれませんが、後で紹介するエピソードを味わい深くする前菜だと思ってお付き合いください。

感染は、生体内に病原体が入り、その感染力が、「免疫力（病気から免れる力）」を上回るときに成立します。

感染が起きる要因は、次の三つです。

・感染源
・生体の防御機能の低下
・感染経路

これらがそろうことで感染が起きます[34]。

そのため、この三つがそろわないようにすることが感染予防につながります。

ここまでは、理屈での説明です。おわかり頂けたでしょうか。

では、もっとリアルにイメージしやすいように、エピソードに話を進めましょう。

「勉強」

「虹の郷」での実務経験を経て私は介護福祉士資格を取得しました。その数年後の冬、介護主任を任されました。

しかし、慣れない仕事への重圧がすぐに身体に現れました。気がつくと身体中を掻いてしまうのです。全身が掻き傷だらけになり、定期的に受診するようになりました。皮膚科医の話では、ハッキリとした原因は特定できないが、ストレスが関係しているのではないか、ということでした。

そこで、全身に保湿クリームを塗り、痒みのあるところには、ステロイド外用剤（アトピー性皮膚炎を初め、多くの皮膚疾患に使用される）を塗ります。医師の勧めで肌への刺激が少ない綿百パーセントの衣類を着るようにもなりました。

しばらくすると、症状は改善し痒みの辛さから解放されました。

その頃、「虹の郷」でこんなことがありました。

原口ひさよさん（九十代女性）は、身体中に掻き壊しがあるため、看護師が日に何度もガーゼを取り替えます。原口さんには、会話が成立しないほどの重度の認知症がありました。

原口さんへの対応について、看護主任（六十代女性）から、

「いくらガーゼを取り替えても、すぐに掻くからキリがないわ。あとは、ワーカーの方で、原口さんの両手にミトン（鍋掴みの手袋のようなもの）を着けるようにして頂戴よ」

との指示がありました。彼女から見れば、介護主任になったばかりの私などは、ひよっこもいいところです。とは言え、その指示に従うわけにはいきません。身体拘束になるからです。介護保険の指定施設で

は禁止とされる行為です。そのため、ミトン着用はできない、と断りします。その上で、私の考えも言わせてもらいました。

「痒いから、掻くわけでしょ。だったら、痒みが楽になるように考えましょうよ」と。

すると、

「あなたは、看護のことに口を挟むの」

と看護主任は睨み返してきます。

「看護に口を挟むんじゃなくて、原口さんのことに口を挟むんです。皮膚科受診も検討する余地がありませんか。痒み止めの飲み薬とか処方してもらえたら、痒みも楽になるかもしれませんよ」

と、私もついムキになってしまいます。

教科書などには、「連携」が大切だと大抵書かれています。理屈ではわかる話ですが、簡単にはそうならない〝厄介さ〟が人間にはあるようです。だから、連携すべき相手とわかっていながらも、火花がバチバチすることが時々あるのです。後で反省し、こんなコトワザを思い出します。

「物も言い様で角《かど》が立つ」

結局、ミトンの着用は避けられましたが、看護主任の「受診の必要なし」という判断にも従うことになりました。

それからしばらくして、再び私も痒みに悩まされることになりました。通院と薬の塗布などを続けて、一度は改善されたはずだったのに、です。

入浴時に鏡で確かめたところ、以前にはなかったニキビのような発疹が、首から下の全身に五十ヶ所くらいありました。そのため、処方されていたステロイド外用剤をいつも以上に丁寧に発疹に塗り、床に就きました。

その夜、私は全身の皮膚に虫が這い回る夢を見ました。ひどく生々しい感覚に襲われて目が覚めます。しかし、痒みは夢の中だけのものではありませんでした。あれだけ丁寧に薬を塗ったのに、どうしてこんなにも痒いんだろう、と不思議でした。再び鏡に全身を映してみると、発疹の数が倍に増えていました。

翌日、かかりつけの皮膚科に行き、急に悪化したこと、痒みのある利用者と接触する機会が最近多くあったことなど、詳しく状況を伝えます。

医師からは、皮膚の状態を確かめるために、二ヶ所から皮膚のサンプルを採取するとの説明がありました。初めは手首付近の柔らかい皮膚を、よく切れそうな小さなハサミで、切り取られました。チクッとしましたが、その痛みは医師の次の言葉で完全に吹っ飛びました。

「では次に、陰嚢《いんのう》からサンプルを取ります。俗にいうキンタマです。ですから、パンツを脱いで寝台に寝てください」

嘘でしょ。本当に、同世代の女性看護師たちの前で脱ぐのか、と思いました。

しかし、「俎板《まないた》の鯉《こい》」です。指示に従うしかありません。怖さと恥ずかしさで複雑な心境でしたが、私が目を閉じていた一番の理由は、「恥ずかしさ」です。そんな気持ちとは別に、処置は実にあっさりと終わりました。目を開けた時には、看護師が手際よく陰嚢に絆創膏を貼っていました。

そして、つい先ほどまで私の身体の一部だったものが、サンプルとして別室に運ばれて行きます。カーテンの向こう側から「やっぱり」という声が聞こえました。

医師からは、思わぬ提案がありました。

「滝北さん、あなたは介護の仕事をなさっているのでしょう。この顕微鏡を覗いてみませんか。勉強になりますよ」

勧められるままに覗き見ると、目に飛び込んできたものは、半透明の手足の短い蜘蛛のような生物でした。「寄生虫」という概念を正に具現化する、「なんじゃこりゃ」と叫びたくなる姿形。それが初めて見た本物の「ヒゼンダニ」です。

私の病気は、「ヒゼンダニ」が表皮に寄生する病気で、「疥癬《かいせん》」と呼ばれるものです。

医師は穏やかに言います。

「大丈夫ですよ。あなたのように若くて健康な人にはせいぜい二百～三百匹しか数は増えませんから。重症化する角化型疥癬であれば、百万匹ともなりますが、あなたの場合はそこまではなりません」と。

確かに、百万匹に比べれば、大したものではないでしょう。

しかし我が身ともなれば、話は別です。

「二百～三百匹しか」とはどうしても思え

【写真：ヒゼンダニ】

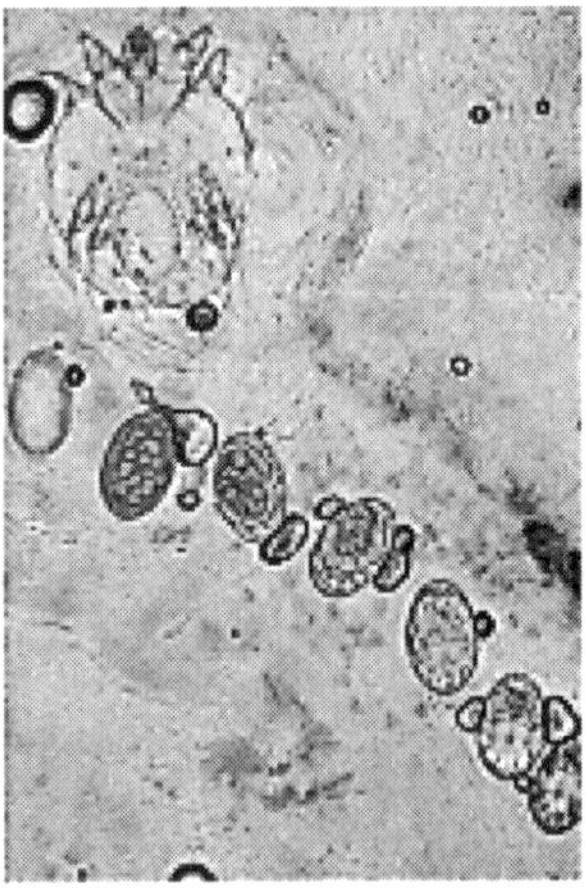

メスは１日２～３個の卵を産む。
成虫の腹部に卵がみられる。
出典[35]：国立感染症研究所

ません。「二百～三百匹も」という感情が抑えきれないからです。簡単に割り切れるものではないのです。

医師によると、高齢者施設での「疥癬」発症率は低いものではなく、利用者から感染した可能性が考えられる、とのことでした。特に、私の場合、数ヶ月前から、ステロイド外用剤を使用していたこともあり、感染しやすい条件にあったようです。ステロイド外用剤はアレルギー反応を抑えますが、同時に、皮膚表面の免疫系の働きも抑えてしまうからです。

感染した私から他者へと、感染を拡大させないために、他者との皮膚の接触は避けるようにと説明を受けました。処方された薬は、クロタミトンという軟膏と、硫黄剤の入った軟膏でした。一ヶ月間毎日これを塗り続ければ、表皮の「ヒゼンダニ」を死滅できるということです。このとき我が家には生後三ヶ月の次男がおり、特に感染させないようにと医師から強く言われました。


この結果を上司に報告し、私と同じような症状にも思える原口ひさよさんの受診を検討してほしいと伝えました。

そして、原口さんも「疥癬」だったことがわかりました。

翌日から、私は長袖と長ズボンのジャージの上から、水色の防護服（ナイロン製の長袖で着丈の長いガウン）を着て仕事をすることになりました。手にも、プラスチック製の使い捨てグローブを常に着けます。イメージしやすく言うと、医療系ドラマの手術シーンに登場する外科医のような恰好です。肌寒い季節でしたが、私には暑さと闘う一ヶ月になりました。自宅でも同じように、家族との接触に気をつけます。

利用者にも、同僚にも、家族にも症状が出ないことを祈り続ける一ヶ月間は不安で長いものでした。

心配していた赤ん坊と妻への感染は免れました。ベビーベッドが置ける別室に生活空間を別けていたことが幸いしました。

しかし、二歳になる長男には感染させてしまいました。私が毎日添い寝をしていたからです。

私は長男に、弟のベビーベッドに近づかないように、母親にも抱き着いたりしないように、と厳しく言い聞かせました。彼はいじらしく約束を守ってくれました。そんな息子の全身に処方された薬を塗る際、くすぐったいと無邪気にはしゃぐ姿を見ていたら涙が止まらなくなりました。不甲斐ない自分が情けなかったからです。

感染成立の三要素がそろわないようにすること。それが予防には大切だということも、「疥癬」の感染経路が「接触感染」だということも、私は知っていました。介護福祉士の受験に際して、知識として頭に詰め込んでいたのです。しかしそれは、資格取得のためだけのものでした。勉強を生かせていないことを悔やみました。

私が家族に感染させたくないように、「虹の郷」のお年寄りにも、同僚にも、また、その家族にも感染させたくない、と本気で思います。それを実践することが、介護職として世の中を渡るということであり、「生きる知恵」にすることでもあるはずです。

しかし当時、介護主任とその家族への感染拡大は、スタッフにも大きな不安を与えました。その不安がケアにも表れます。

たとえば、感染した原口さんの洗濯衣類の扱いです。着替えた衣類は一度ビニール袋に入れて、その袋に殺虫剤を噴霧し、しばらく置いた後に洗濯する、ということがありました。

また、防護服が用意されているにもかかわらず、必要以上に接触を恐れるワーカーが増えたことから、隔離の必要性まではないのに、結果的にベッドから起こす機会を減らし隔離に近い状況を招くことも、当初はありました。

後で知りましたが、「ヒゼンダニ」は乾燥に弱いため、施設にある乾燥機を使用すれば、洗濯物にわざわざ殺虫剤を使用する必要はなかったのです。原口さんが感染した「疥癬」は、私と同じ通常型のものでした。私がガウンとグローブで皮膚の露出を防ぎながら勤務できるのと同じように、原口さんも皮膚の接触を防げば、居室から出て生活を送ることができたのです。

このようにＱＯＬ（生活の質）を損なう対応を招いた理由は、〝怖さ〟です。目に見えないもの、得体の知れないものに対する怖さです。

それは誰の中にもあるでしょう。だからこそ、恐怖に振り回されない正しい知識を得る必要があります。

そこで、『疥癬はこわくない』(36)の著者である大滝倫子医師を講師に招く実践者向けの研修会に参加しました。介護主任として、感染予防委員として、治療中の疥癬患者やその家族として。「生きた勉強」につなげたい一心で。

「生きた勉強」

「やくびょうがみ」は「疫病神」と書きます。そこには、**「疫病を流行させるという神」「転じて、人々に忌み嫌われる人のたとえ」**(37)という意味があります。

このような表現の奥にも、人間の心理、認識の在り様、建前よりも本音に近い感情が、見え隠れしているのではないでしょうか。誰でも疫病にはなりたくないはずです。そう思っていながらも感染することがあります。そうなると、どうしても感染者は肩身が狭くなるものです。私もそうでした。

実際のところ、私は疥癬が完治するまでの一ヶ月間、一度もワーカーの休憩場所である和室に立ち入りませんでした。自分専用に用意した折り畳みのパイプ椅子以外には座らないようにしていました。長男のこともあり、同僚やその家族には同じ思いをさせたくないという強迫観念のようなものがありました。正直、自分が「疫病神《やくびょうがみ》」にも思えて、申し訳ない気持ちにもなるものです。生身の感情として、です。そんな患者の気持ちを代弁する一人として、私は感染予防委員に身を置きたいと思いました。

「疥癬」を機に委員会を中心とした感染予防マニュアルの整備が進み、感染予防対策が強化されていきました。職員研修やワーカー会議を通して、洗濯物や交換したシーツ類の扱いをどうするのか、感染疑いの人も入浴する順番は最後にするべきかなど、具体的なレベルで、疑問に思うことは何でも話し合います。

疥癬は、春を迎える頃には沈静化しました。感染予防委員会で「疥癬」が話題にのぼることもなくなり、主な議題は、「食中毒」や「インフルエンザ」へと移り、季節も夏から秋へ、秋から冬へと移りました。

しかし、年が明けて節分を迎える頃、鬼が出るかのように再び「ヒゼンダニ」が現れました。施設内での疥癬の発症は、入院先の病院で感染した人が退院時に持ち帰るか、ショートステイの人からの持ち込みがルートとして考えられます。人の皮膚からは離れて生きられない「ヒゼンダニ」が、単独で施設内に侵入することは通常考えられません。

前回の経験を生かし、私たちは感染拡大を抑えようとしました。

具体的には、入浴や排泄の介助時での皮膚観察の強化、感染者の早期発見、感染者を介助する際の防護服の徹底などです。

この一年間で話し合い、確認してきた約束事を皆で守ります。確実に、チームとしての対応力は高まっているように思えました。

ところが、です。用心深く徹底しているはずなのに、一人、また一人と、新たな感染者を出していきました。感染疑いのある人も含めて、その数は六名に達します。わずか一ヶ月足らずの間に、です。

なぜ次々に感染が広がるのか。見落としがあるとすれば、それはどこなのか。焦る気持ちを抑えます。

そして、私は次のように考えました。
・感染源となる患者が私たちの皮膚観察をすり抜け発見されていない。
・感染源となる患者は、強力な感染力を持っている。
・感染力が強いとすれば、感染者自身の免疫力は低下している。
以前の私のように、一見元気そうに見える人の中にも、免疫力が低下した感染者がいるのかもしれません。そして、その免疫力の低下は薬の使用が招いた可能性もあります。

そこで、感染しやすい条件にある、ステロイド外用剤の使用者を対象に、皮膚の観察をやり直すことにしました。

ステロイド外用剤は、作用の強さで段階的に分類されます。それも手掛かりになるだろう、と思いました。

この調査には、協力者が必要です。カルテは医務室に保管されており、私が勝手に手を出せないからです。うかつな真似をすれば、また、看護に口を挟むな、という看護主任の反応も予想できます。

協力者として私が相談したのは、入職して新しい看護師の若林恵理子さん（三十代女性）でした。若林さんは、以前、救命救急にも在籍していた経験豊富な人です。私の考えを説明し、対象者をリストアップしてほしい、とお願いしました。もちろん、内密で。

若林さんは、その日の夜、一人で調べてくれました。こっそりと渡されたメモには、約二十名の名前が、薬の強さ別にリスト化されていました。

ステロイド外用剤は抗炎症作用の強弱で、
Ⅰ群（最強）、Ⅱ群（とても強い）、Ⅲ群（強い）、Ⅳ群（中間）、Ⅴ群（弱い）の五段階に分類されます。リストには、Ⅱ群、Ⅲ群、Ⅳ群の薬を使用する人がいました。

すぐに調査を始めます。

皮膚症状については、大滝倫子医師の著書と研修会から学びました。研修会では、たっぷりと時間をかけていくつもの症例画像を見ました。私は、自分と息子の身体を思い浮かべながら、画像を経験とつなぎ合わせて見ました。「生きた勉強」にしたいからです。

疥癬の症状の多くは、手首から先に現れます。手掌や指の間、手首などに症状が出やすいのです。

そのため、リスト者全員の手の観察をまず一日で行いました。特徴的な症状としては、「疥癬トンネル（雌が表皮に穴を掘り、そこに卵を産む筋状に見えるもの）」「発疹」「結節《けっせつ》（しこりのようなもの）」が挙げられます。それらが現れていないか観察します。

次に、リスト者の全身の観察です。手だけではなく、首から下の全身にも症状が現れます。重症化した角化型疥癬の場合は首から上にも現れます。全身の観察は、入浴日に脱衣室で行い、二日を要しました。皮膚の観察は、利用者の心理的負担にならないようにできるかぎり自然に、そして、丁寧に行いました。三日間の調査では、特徴的とされるような症状は発見できませんでしたが、私にはどうしても気になる人がいました。おそらくこの人が感染源ではないか、と思いました。

その人は、「あんたの歌、下手やねぇ」と一緒に笑い、お風呂で「真白き富士の根」を歌ってくれた香川ひさ江さんです。

この頃の香川さんは言葉を発することもなく、一日のほとんどをベッド上で眠って過ごされます。おしゃれなブラウスを着ることもなく、肌への刺激が少ない木綿の浴衣を着ています。それというのも、直径約二センチの水泡が十ヶ所以上も腹部や胸部にあるからです。

初めは、移乗の介助時にワーカーと香川さんの身体が擦れて水泡を作るのではないか、と看護部では考えていました。水泡はガーゼで保護されます。ワーカーも用心のため、移乗介助の際は、折り畳んだバスタオルを香川さんの身体に掛けて保護しながら介助をします。他の介助でも特に注意をしていました。それでも、水泡の数が減ることはなく、増えるばかりでした。

香川さんの皮膚観察では、水泡以外にも、手の爪が「爪白癬《つめはくせん》（爪の水虫）」のように分厚くなっていることが気になりました。

香川さんが、見落とされた感染源である可能性は高い、と考える理由を三つ挙げます。

一つ目は、水泡です。香川さんの水泡とそっくりのものを大滝医師の研修会で見ました。疥癬の稀な症例として紹介されていました。一般的に知られる「疥癬」の症状とはまったく違うため、疥癬とは気づきにくいものです。

二つ目は、指先と爪です。「爪白癬《つめはくせん》」のようにも見える症状は、爪に局所的に現れる「爪疥癬《つめかいせん》」ともよく似ています。間違われやすく見落とされやすいものです。

三つ目は、香川さんは、謎の水泡が現れる以前から、ほとんど「寝たきり」とも呼ばれるような状態にあり、免疫力が低下していることは容易に推測できました。その人が、Ⅱ群（とても強い）に分類されるステロイド外用剤を使用していたからです。

これらの条件をつなぎ合わせると、香川さんが強い感染力を持ち、見落とされやすい患者である、と考えられるのです。

私の見解を上司に報告し、すぐに香川さんを受診させてほしい、と訴えました。

上司の返答は、受診の判断は看護部が行うものであり、それを曲げることは組織内の連携を乱すことにもつながりかねない、というものでした。

確かに、そのとおりです。

看護部で検討した結果を尊重し、それに従うことになりました。

リスクを考えれば、当然、受診しかないものだと思えましたが、看護部の見解は違いました。看護主任の主張は、香川さんの水泡が「疥癬」の症状とはまったく似ておらず、その可能性は低い。また、それを確かめるために体力の低下した香川さんを風邪やインフルエンザが流行るこの時期（二月下旬）に、病院に連れて行くのは、院内感染のリスクが高い。というものでした。総合的に判断して、現段階では受診の必要なし。しばらく様子を見る。という話です。

私は、様子を見ている間に感染が拡大するのではないか、と反論しましたが、覆すことはできませんでした。

確かに、私の考えは状況から導き出せる一つの可能性や推測に過ぎません。それが正しいと証明する証拠もありません。「医療職でもない者が出過ぎた真似をするな」と言われかねない、チームケアを乱すような真似を、私はしているのかもしれません。

日勤業務を終えた私は、事務所に向かいます。施設のリフト車を借りるためです。最後の手段として、「私が独断で受診に連れて行ったことにしてほしい」「皮膚科の受診であれば、風邪やインフルエンザなどの感染リスクは少ない」と上司に直談判しました。

しかし、どうしてもリフト車を借りることはできませんでした。

私は、自分の意見に固執し、我を通したいだけなのだろうか。そんな風にも思えてきました。八方塞がりで打つ手が無くなると、香川さんに対して、申し訳ない気持ちが湧いてきました。

就寝介助が終わる頃、疲れたように眠る香川さんのところに一人で行きました。しばらくの間、香川さんを見ていて、こんなことを思います。

以前の私と同じように疥癬だったら、それを言葉にもできなかったら、私よりもずっと辛いんじゃないか。どうしたら、香川さんに負担を掛けずに受診ができるんだろう。

皮膚のサンプルを専門医に検査してもらえたらハッキリするかもしれないのに。

医師でもない自分に皮膚を切り取ることはできないし……。

香川さんの手が手袋みたいに取り外せたらいいけど、そんなわけにもいかないし……。

呆れた考えに思えた瞬間、あるアイデアに気づきました。

身体を傷つけずに皮膚のサンプルを得る方法です。

香川さんの爪の一部分をサンプルにすることです。採取したそれを密封性のあるフィルムケースに入れて持ち帰り、私のかかりつけの皮膚科に持って行く、という考えです。これならば、インフルエンザに感染するリスクもありません。

翌日、皮膚科に行きました。これまでの経緯を説明し、サンプル検査を依頼します。皮膚科医は、慎重に応じてくれました。

しばらく待つと、「顕微鏡を覗いてみますか」と、また声を掛けられました。

覗いてみると、ラッシュアワーの満員電車のように、「ヒゼンダニ」がびっしりと重なり合っていました。

医師は私を落ち着かせるように言います。

「これはあなた個人の手に負えるものではありません。後手に回ると、取り返しがつかなくなるレベルの話です。

まず、その利用者の受診または、往診が必要です。場合によっては、保健所が入ることも念頭に入れてください」と。

そのことをすぐに上司に報告しました。

結果、香川さんは受診し、爪に局所的に増殖する角化型疥癬で、腹部や胸部に水泡が点在する稀な症状だという診断を受けました。

一連の疥癬騒動は、これでようやく幕を閉じました。

このときの私の行動を振り返ると、そこには執着心のようなものがありました。それが、私の「頭の中の目」と「心の目」の原動力になっていたように思います。

香川さんは、個室での隔離対応となり、体調に配慮しながら、毎日のシャワー浴と処方薬の塗布を続けました。着替えも、シーツ交換も、どれも手を抜かずに毎日欠かさず行いました。私たちは香川さんと一緒に、「疥癬」という病気と闘いました。しかし、それは香川さんの残された体力を削ることになったようにも思えます。

春を迎える頃、「疥癬」は完治しましたが、その後、香川さんは短い時間を私たちと過ごし天に召されていきました。


ノーベル医学・生理学賞に輝いた大村智教授が開発した「イベルメクチン」は、寄生虫による風土病の治療薬として、多くの人を失明の恐怖から救ってきました。そして、「ヒゼンダニ」にも効果があると海外では広く使用されていました。しかし、国内で「疥癬」の治療薬として認可されたのは、香川さんの感染の三年後のことです。

「感染予防」について、冒頭でも述べたように、私は「用心は深いほど良い」と考えていました。

しかし、今は少し違います。自分自身も疥癬に感染し、感染者の気持ちも、感染者家族の気持ちも味わいました。そして、香川さんをはじめ馴染みのお年寄りたちの感染に介護職として関わりました。

その経験を通し、「感染予防」という抽象概念に思いを込めるとすれば、こんなコトワザになります。

〈用心と人情は深いほど良い〉

知識や技術はもちろん大切です。

しかし、それだけはダメです。不十分なのです。

どのように用心深くするのか、どのように患者に肩身の狭い思いをさせないのか、どのように仲間を護るのかなどを想像し、知識や技術を、「どのように生かすのか」を導き出す必要があるからです。

そのための「頭の中の目」と「心の目」を働かせる原動力が、〈思いやり〉〈心持ち〉〈emotion〉ともいうべき「人情」です。先のコトワザは、それを忘れてはならないという思想を込めたつもりです。

福祉サービスを利用する人や施設の入居者、在宅で暮らすお年寄り、そこで働くワーカーや、ワーカーの家族、それぞれの生活には、目には見えないけれど、互いに影響し合うつながりがあります。できれば、「感染経路」というつながりは避けたいものです。

しかし、感染予防は単純に「隔離すればよい」「接触しなければよい」というものではないはずです。個室に隔離され、触れ合いを絶たれる寂しさや、自分が「疫病」を運ぶかもしれないという心苦しさ、不安というものが、感染すれば誰にでもあります。そんな気持ちも含めて、互いにわかり合える「人情」でつながっていたい、と思います。それが「感染症」と向き合う力にもなるからです。

6.「バイタルサイン」

「バイタルサイン」は、次のようにも説明される言葉です。

「バイタルサイン（生命兆候《せいめいちょうこう》）とは、患者《かんじゃ》の『生きている証《あかし》』という意味合いをもち、患者《かんじゃ》の生命に関する最も基礎《きそ》的な情報です。一般《いっぱん》にバイタルサインとは、脈拍《みゃくはく》、呼吸《こきゅう》、血圧《けつあつ》、体温の４つの生命情報をさします。また、救急医学などでは意識《いしき》レベルもバイタルサインに加えています。」[38]

私たちの心臓から「ドクン、ドクン」と勢いよく排出される血流は、親指の付け根に近い手首を触るとわかります。血液が動脈を通り波打つ動き（拍動）を感じるからです。

今、ちょうど私の手首付近にある橈骨《とうこつ》動脈に指を当てて数えてみたところ、一分間に七十五回の拍動がありました。成人は一回の拍動で約七十ミリリットルの血液を送り出すと言いますから、一分間に約五リットル（75回×70㎖＝5，250㎖）の血液を排出している計算になります。その心臓の大きさは、握り拳一つ分くらいです。そこで、私はこんなことを試してみました。

心臓とほぼ同じ大きさの筋肉でもある利き手だけで石油ポンプを使い、一分間に五リットルの水を排出するということです。

結果は、五十秒で手の筋肉がパンパンに張り力が入らなくなりました。私の場合、利き手だけでは一分間に五リットルの排出がやっとでした。

ところが、心臓は、仮に毎分五リットルの排出で計算しても、一時間で三百リットル、二十四時間で七千二百リットルもの血液を送り続けていることになります。ポンプのような動きで言えば、毎分七十五回で計算すると、一日で約十万回（75×60×24＝１０８，０００）です。驚異的としか言いようがありません。

そして、その動きは繊細でもあります。例えて言えば、乳牛の乳しぼりのように、です。乳しぼりを体験した人なら、グー・パー、グー・パーと単純に握ったり開いたりするだけでは上手く排出できないことがわかるはずです。上手く排出するためには、絞り出すようにスムーズな動きのコントロールが求められます。同じように心臓も、絞り出すような繊細な動きのコントロールによりポンプ運動を効率的に行っています。そのコントロールは脳からの命令ではなく、心臓自体にある「洞結節《どうけっせつ》」が規則正しく電気信号を発生させることで生まれるものです。

そのため、「ドクン、ドクン」という心臓のリズムを作る洞結節は、「自然のペースメーカー」とも呼ばれます(39)。

私たちの心臓はこのように激しくも繊細な運動を、正確にチクタク動く時計のように続けているのです。休むことは死を意味します。だから、心臓は死の直前まで一生懸命に働き続けます。そう考えると、心臓の鼓動が人生を刻む時計のように愛おしく思えてきます。

命の鼓動

「虹の郷」のショートステイを利用されていた三国康子さん（八十代女性）は、物静かな方で大きな声で笑うことはありません。しかし、ニコリとする控えめな笑顔がとても魅力的です。

いつも自分のことは後でいいからと周囲を気遣う人で、皆から慕われていました。

次第に、介護の必要性が高くなり、自宅から「虹の郷」に引っ越すことになりました。その頃は日中のほとんどを車いす上で過ごされていましたが、身の回りのことはなるべく自分でやろうとされていました。

立ち上がる際には、めまいやふらつきによる転倒が心配されたため、「トイレに行く際は、コールでワーカーを呼んでください」とお願いしても、職員に遠慮して一人で行くこともよくありました。

そんな康子さんでしたが、次第に体力が低下していきました。

食事を口から摂ることもできなくなり、胃ろう（管を通して胃に栄養分を入れる人工的栄養補給法）を造設することになりました。

また、膀胱内に溜まった尿を自力で排出することができなくなり、バルーンカテーテルを尿導口から膀胱に通して留置することにもなりました。

カテーテル（管）により体外に導き出された尿は、透明の袋状の排尿パックに貯まります。排尿パックが透明なのは、血液や浮遊物が混じっていないか、尿の色などをわかりやすくするためです。機能的なデザインと言えばそのとおりです。だけど、これは医療職や介護職にとっての機能性です。

自分の「おしっこ」が常に誰かに見られる状況にあるとしたら、私なら嫌です。そこで、排尿パックが外から見えないようにデパートの紙袋を加工してパックを覆う目隠しを作りました。尿量の計測や状態の観察を妨げないよう必要時には紙袋をずらせるようにしました。

そのようなカバーは商品化もされていますが、数日後、それと同じ機能を備えた布製のカバーを家族が作って持って来てくれました。

康子さんが家族からとても大事に思われている、と感じました。

家族の手作り作品には枕カバーもあります。康子さんは、体温調節が難しくなり急に大汗をかくことがあるため、枕の上にバスタオルを敷いていました。洗い替え用にもう少し数が必要なことを家族に伝えたところ、お孫さんがバスタオルで枕カバーを作ってくれました。花好きの康子さんを想ってピンク系の花柄のバスタオルが使われていました。

ある日、夕方の申し送り（日勤者と夜勤者が利用者情報を伝え合う引き継ぎ）に、私は夜勤者として出席します。日勤者からは、康子さんの排尿が少ないことや反応がいつもよりも鈍いとの報告がありました。

二十一時を過ぎた頃から、康子さんの呼吸が荒くなり始めました。排尿も、排便も、まったくありません。そのことを、相談員になった渋谷祐二君とコール番の看護師に報告します。

「虹の郷」では、夜間自宅待機の看護師がワーカーからの電話連絡を受け、受診や救急車を呼ぶなどの指示を行います。家族の意向は、康子さんが自然で安らかな死を「虹の郷」で迎えるというものです。

渋谷相談員は、家族の心の準備を考えて、今夜亡くなられる可能性もあるということを伝えてくれました。

康子さんの呼吸は、時間の経過とともに肩で息をするように激しくなっていきました。苦しそうに息をしている康子さんに、私たちは口元を湿らせ、タオルで汗を拭くことくらいしかできません。

朝四時、私は利用者数名の排泄介助に入る前に「すぐ戻って来ますね」と康子さんに声を掛けました。

それが別れの言葉になりました。

再訪室した際には、康子さんの呼吸がないことはすぐにわかりました。激しい呼吸動作は完全に止まり、近づくと、黒い血が口の周りや浴衣の襟元、シーツに付着していました。吐血によるものです。命を最後まで燃やされたのだと思いました。

すぐに、家族と連絡を取った渋谷相談員から、近くの親類宅に集まる家族が三十分以内に施設に到着する、という知らせが入ります。

私は同僚夜勤者と協力して、その準備を急ぎました。康子さんが苦しそうに亡くなったと家族に感じさせたくありませんでした。康子さんがそれを望んでいない、と思うからです。

同僚の女性夜勤者に康子さんの顔や髪を綺麗にしてもらいました。浴衣やシーツを替え、枕カバーは、お孫さんが作ってくれた花柄のものにしました。


このときのことで、深く心に残ることが二つあります。

一つは、康子さんの呼吸が無いことを発見したときのことです。私は念のために脈拍を確かめました。死亡を確認するためです。

しかし、不思議なことに、微弱な脈を感じました。橈骨動脈でも、上腕動脈でもです。

康子さんには心拍数が遅くなる不整脈があり、ペースメーカーが植え込まれていました。それは、左胸（鎖骨下側）にある五百円玉位の円形の盛り上がりとしても、触ってわかるほど皮膚のすぐ下にあります。

そのペースメーカーが、亡くなった持ち主の心臓に電気刺激を送り続けていたからです。筋肉は電気刺激を受けると、興奮して収縮します。

このときの私の気持ちは自分でも上手く言葉にできません。ただ、「命とは何か」を考える機会を頂いた、と思っています。

もう一つ心に残ったことは、後日、渋谷相談員から聞いた話です。康子さんのご遺体を葬儀屋が搬送に来る前のことです。

ペースメーカーは、外さずに火葬すると内蔵された電池が破裂します。事故を防ぎたい火葬場では受け入れを断るところもあります。そのため、葬儀屋が来る前にペースメーカーを外す必要がありました。渋谷相談員は、必要時にそれを行う嘱託医師を施設に呼びました。

朝方、電話でたたき起こされた若い医師は、道具カバンも持たずに慌てて来ました。

そして、亡くなられた康子さんの身体に、近くのデスクにあった文具用のハサミでペースメーカーを取り出そうとしました。その場に立ち会っていた渋谷相談員が、「ちゃんとした道具でやってください」と制しました。医師は部屋の奥から医療用の道具を引っ張り出して、処置を行ったそうです。

私は、この嘱託医が施設を掛け持ちして稼いだ資金で開業したとしても、患者を看る〝ホンモノ〟の医者にはなれないだろうと思っています。患者から医療を学ばせてもらっているということも、患者に対する敬意も忘れているからです。それでは、医療についての知識をいくら頭に詰め込んでも、「生きる知恵」につなげることはできません。

どのように相手に生かすのか、そこに思いを巡らすことがなければ、知識は単なる情報のインプット、技術は単なる動作のコピーでしかなくなる、と考えるからです。

「生活」とは、「生《い》き活《い》き」と書きます。「人生」とは、「人が生きる」と書きます。その「生活」や「人生」にどっぷりと関わり、「命とは何か」を真剣に考えることも、「介護」という営みの持ち味なのではないでしょうか。

「生きている証」が、脈拍数や呼吸数、血圧値、体温計に示される数値でしか捉えられないとすれば、それは生命情報を符号化することと大差がないようにも感じます。情報をインプットするだけの機械のようで、実に、味気ない捉え方です。そんな思いをコトワザに。

〈バイタルサインは命の証〉

「大切なものは目に見えない」のであれば、尚のこと「頭の中の目」と「心の目」を注いで、「命の証」を見つめてみたい。

老いや死も含めて、その人の生き方や死に方からも「生きる知恵」を学ばせてもらえることに感謝と敬意を持てる人でありたいです。

私は、数年前に続けて、父と母を亡くしましたが、その時に師植垣一彦氏から頂いた言葉です。それを創作コトワザの一つに加えたいと思います。

〈親は死をもって子に最後の教育を行う〉

7.「福祉用具」と「クリエイター」

少し前の話になりますが、当時小学三年生の息子が学校から泣きながら帰ってきました。理由を尋ねると、将来何になりたいか、を発表し合う授業で、彼は「クリエイターになりたい」と皆の前で言ったそうです。その時に、クリエイターなんかになれるわけないだろ、とクラスメイトにからかわれたからでした。それがよほど悔しかったようです。

私は、彼に「クリエイターになれるかもしれないし、その可能性は十分にある。それに、テレビゲームを作る人だけが、クリエイターなわけじゃない。だから、お父さんも自分のことをクリエイターだと思っているんだ」と、つい勢いで言ってしまいました。

さて、私は何を創造する人なのか、理由の後付けになりますが、改めて自問自答するように考えてみました。

福祉用具

以前、私が居室担当だった北野セイ子さん（八十代女性）は、お洒落好きで洋服のコーディネートにも人一倍情熱を傾ける方でした。とても几帳面で、衣服に限らず身の周りはいつも綺麗に片づいていなければ気が済まないのです。一般的にそれは悪いことではありません。

しかし、この北野さんの場合、こだわりがとても強いため、歴代の居室担当ワーカーは皆口をそろえて「もう次は勘弁して」と言います。居室担当の再任はお断りという意味です。

こだわりの一例を挙げると、洋服棚の整理は毎月の恒例行事のようにありました。ワーカーの間では「棚卸し」と呼ばれ、一回が二時間を超えるビッグイベントです。棚に入りきらないほどの衣類を天井に近い収納棚までいっぱいに使い何とか整理します。

脚立に乗るような高い場所での作業は危ないし、低いところは腰に負担がかかるという理由から、北野さんに代わって居室担当ワーカーが行うようになりました。

しかし、ワーカー業務は他にもたくさんあるため、「毎月ではなく、春夏秋冬の年四回にしませんか」と私は根気強く交渉しました。

その結果、間をとって年八回で折り合いがつきました。

北野さんのこだわりの一つは、衣類の並べ方です。寒色から暖色にグラデーションになるようにしなければなりません。また、同系色のカーディガンでも、早春では、濃い色調が引き出しの手前に、奥になるほど淡い色になるように配置します。しかし、春本番を迎えると、今度は淡い色調が手前になるように入れ替えます。初夏、初秋、初冬を挟んでも同じような入れ替え作業を行います。そのため、八回（4シーズン×2＝8回）は必要だ、というのが北野さんの主張でした。

そして、棚卸しは必ず本人の見ている前で一つひとつ同意を得ながら行うため、時間がかかるのです。当然のことながら、他者の介助もある勤務中ではとても集中してできません。そのため、いつも夜勤明けの業務終了後に棚卸しだけの時間を設けるようにしました。どんなに長引いても正午には終わるという約束で。

私から、「衣類はもうこれ以上棚に入りませんよ。普段着ない服は場所を取りますから、面会時に息子さんやお嫁さんに預けたらどうですか？」と提案しますが、

「着るかもしれないわ。上の棚がまだ入るでしょ。そこも使っていいから入れて頂戴」と一歩も引かないのが、北野さんでした。

「一番高い戸棚は、和服関係のものでいっぱいだから無理です」

「じゃあ、棚に入らない服は透明のケースに入れるからワーカーさんの方で預かって頂戴」

こんなやりとりを毎回繰り返します。北野さんには、ワーカーを〝お手伝いさん〟扱いするようなところがありました。その反面、面会家族には一切手伝いを求めたがらないプライドというか、意地のようなものがあったと思います。特にお嫁さんに対しては、それを強く感じました。

どうにか昼までに棚卸しを終えても、北野さんのこだわりに終わりはありません。用事を一つ片付けている間に、次の用事を見つけ出すからです。

私が、「約束の十二時ですから、これで失礼します」と言っても、お構いなしに、北野さんは決まり文句を続けます。

「えーと。それから、もう一つお願いしていいかしら……」

私も決まり文句で応じます。

「衣類棚の整理という約束です。それはもう済ませました。他の用事はまた今度でお願いします。徹夜明けでバイクに乗って帰るので、居眠り運転するといけませんので。約束ですから、今日は帰ります」

「あらそうなの。では、次はいつできますの？」

定例のこのイベントは、いつも同じエンディングを迎えました。

毎回あれほどハッキリと自己主張していた北野さんでしたが、私が次の居室担当と交代して一年が過ぎる頃、転倒し大腿部を骨折、腸閉塞も重なり、入院が長引きました。しかも、入院先の病院で仙骨部に褥瘡《じょくそう》（床ずれのこと）ができ、緑膿菌にも感染した北野さんは、すっかり元気を無くして退院されてきました。

背もたれが倒せるフルリクライニング型の車いすでなければ、座位が保てない状態で、座位時間も四十分くらいが限界でした。めまいが起きるからです。そのような中でも、食事の直前に離床し、柄の太いスプーンと介助皿（スプーンですくいやすいように土手が形成された皿）を使い、自分の力で食事をすることはできていました。それをなるべく続けて頂こうと思いました。

以前のようにワーカーを〝お手伝いさん〟扱いする勢いもまったく見られなくなると、やっぱり寂しいものです。

その頃の北野さんは、ティッシュで口元を拭くことが多くありました。しかし、それをベッド脇のゴミ箱に入れるのは難しく、ゴミ箱の周りにティッシュが散乱している光景が日常的になっていました。

ベッド脇のゴミ箱周辺にティッシュが散乱

ある日、居室を見回りする私は、北野さんについて話すワーカーの声を立ち聞きしました。

「わざとゴミ箱に入れないとしか思えない外し方だよ」

「そうだよね。毎日ゴミ集めが大変だよね」

同僚として、毎日の忙しさに愚痴の一つもこぼしたくなる気持ちはわかりますが、それでも後味が悪いものです。私には、北野さんが自分で何とかゴミ箱に入れようとしている、と思えるからです。なぜなら、ゴミ箱の近くにティッシュが落ちています。それに、北野さんは元来綺麗好きで几帳面な性格だからです。

上半身が起こせないままベッドから見る景色とはどのようなものなのか。北野さんの身になって、「心の目」を働かせたいと思いました。

実際に、ベッドで横になり頭を起こさないで見たところ、ゴミ箱を置く位置が近過ぎても、ゴミ箱の開口部が見えにくいことに気づきました。ゴミ箱の位置が遠いと、筋力の低下した腕を伸ばして支えることが更に難しくなります。その中で、ティッシュをゴミ箱付近まで運んでいます。たとえホールインワンではないとしても、北野さんの頑張りが凄いものだとわかります。それをわざと外しているような言い方をされたら、私だったら泣いています。

私にできることはないのか。知恵を絞り出すために「頭の中の目」を働かせます。

枕元に小さなゴミ袋を置く方法もありますが、それだと、すぐに袋がいっぱいになります。そのため、頻繁に回収しなければなりません。

日常生活のほとんどに介助を要する北野さんにとって、ワーカーの定期的な回収は気兼ねを感じさせることになる、と思えました。

また、ワーカー会議で私が「ゴミ箱に入るかどうかは問題ではない。本人のやる気こそが大切だ。手の運動は筋力維持にもつながっている」と訴えようかとも考えましたが、それでもまだ足りない気がします。

私だったら、ゴミ箱に入るかどうかは大問題です。頑張っているのに入らなかったら、ゴミ箱を蹴り飛ばしたいような気持ちになります。ゴミ箱に入れれば、気兼ねを少しでも減らせるかもしれません。

夜勤中、百パーセントのホールインワンについて考えました。

あれこれ考えて、「これだ」とひらめいたのは、夜食のカップ焼きそばを食べている時です。

それは、ベッドに寝たままの姿勢でも、ゴミ箱に入れられる「ダストシューター」です。

作り方は、二リットルのペットボトルを二個半連結します。そして、一方をベッド柵に取り付け、もう一方をゴミ箱に入れ、トンネルでつなげます。ベッド柵側のトンネルには、ゴミを入れる開口部を広げるために、夜食で食べたカップ焼きそばの容器を利用します。大盛り焼きそばの四角い容器はそれには好都合でした。

食べ終わった容器を洗い、ペットボトルと同じ大きさの穴を開けて連結します。それを北野さんの手で入れやすいベッド柵の位置に固定すれば、頭を起こさなくても、目を閉じたままでも、ホールインワンできると思いました。

カップ容器とペットボトルは、強度を増すために布製ガムテープでしっかり貼り付けます。ガムテープの色は、近未来的なフォルムに合わせたシルバーです。使用目的がわかるように「ダストシューター」と書き込みます。

朝食後に、北野さんに報告するのが待ち遠しく思えました。

夜勤業務を終えて、北野さんの部屋を訪ねました。

「使ってみて、恰好悪いなぁと感じたら、すぐに外します。

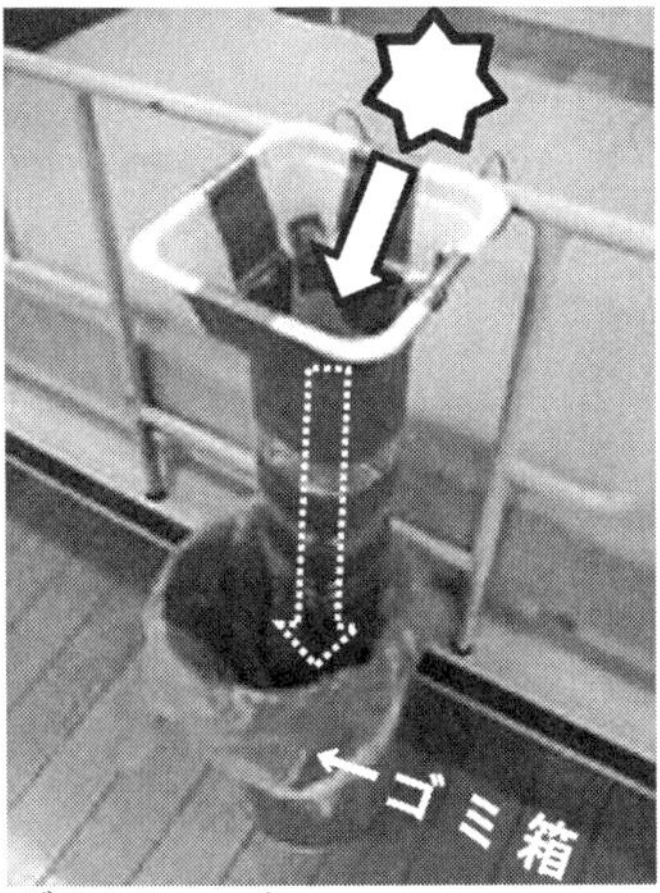

ダストシューター

もうちょっと改良した方が良さそうだったら教えてください。すぐに直します。明後日、私は出勤します。よかったら、それまで試しに使ってくれませんか」

と伝えて、取り付けさせてもらいました。

後日、北野さんがゴミ箱に入らないティッシュのことを悔しいというよりも、ワーカーに悪いと思っていたことを打ち明けてくれました。

このダストシューターは乱暴に扱えばすぐに壊れるものです。実際のところ、ベッド柵をつけ外すワーカーの手間も増やしたことでしょう。それでも、不満の声も挙がらず、大事に使用してもらえたことはありがたいことでした。

それは、「ダストシューター」という表現に込めた〈心持ち〉を仲間が汲み取ってくれたからではないか、と思っています。

「福祉用具」は不自由さの数だけ必要とされるものです。また、不自由さを克服したいとするユーザーがいて生まれるものです。そして、それはどんなに高級な材料を使って作られても、使う人に合わせることがなければ、役に立てないものです。相手を生かそうとするときに、初めて自己が生かされる存在だからです。

私は、これと同じことが「介護職」にも言えると考えています。そんな心持ちを込めて。

〈生かすことは生かされること〉

クリエイター

庄司和晃氏は人間について、**「つまるところ、ナニヲシデカスカワカラヌ厄介ナ存在」**(40)とも述べています。これは綺麗事ばかりではない人間の一面をしっかりと見据えた言葉です。見過ごしてはいけない一面です。そんな一例を紹介します。

一緒に「股割れパンツ」探しに同行してくれた遠島未優来ワーカーが通っていた介護福祉士養成校での話です。福祉用具を保管する倉庫で、ある学生がそれらを見て言いました。

「うわっ。腐るほどある」

その場にいた男性教員は彼を厳しく注意しました。

「これらの福祉用具は、使う人たちにとっては身体の一部と同じなんだ。それを『腐るほど』という言い方は何だっ」

この教員も義足を使って生活している人でした。

その学生は無意識に近いところで「腐るほど」と口にしたのかもしれません。しかし、**「ナニヲシデカスカワカラヌ厄介ナ存在」**という理由はそのようなところにもあるのではないでしょうか。たとえ気づかないもの、無意識に近いものであったとしても、自分の内にある認識が表現としてにじみ出ることで、他者を傷つけることがあります。

しかし、この教員の言葉で学生は気づいたのかもしれません。それらの道具を使用している人たちに思いを巡らせたのかもしれません。そして、使う人や相手の立場で物事を見ることの大切さを考えたのではないでしょうか。私はそう思います。

つまり、介護職は、利用者や利用者の生活という対象を認識し、その認識を自分の身体や相手との関係性を通して表現する存在です。

そして、「介護」という表現作品に魂を込める「クリエイター」でもありたいものです。

実際のところ、介護の場で、人、物、時間、どれも十分にあると思えたことは私にはありません。また、介護を必要とする対象者が、タイムスケジュールや業務マニュアル、お決まりの型に合う人ばかりでもないことは既述のとおりです。一人ひとりの状況や求める条件が違います。

そのため、「介護」は大量生産し大量販売する類のものではありません。

例えるなら、「介護」は今ある条件の中で生み出す手作りの「表現作品」です。

では、「作品」と呼べるものにするためには何が求められるのでしょう。

コトワザ「仏作って魂入れず」（仏像を作っても魂を入れなければ、単なる木や石と同じ）のように、作品も魂が込められてこそのものではないでしょうか。

では、その〈魂〉とは何なのでしょう。

「介護職」は、相手を生かし、自分を生かし、知識を生かし、技術を生かす存在です。互いを上手く生かし合うためには、〈微調整〉が欠かせません。

しかし、その人にピッタリと合わせることも、すべてが上手く噛み合うように調整することも、対象を認識し尽くせない私たちには難しいことです。それを承知の上で、体験の意味を振り返り、不自由さや辛さに「気づくこと」、思いを巡らし想像し「心づくこと」[41]、工夫し仲間と知恵を貸し借りし合い「考えつくこと」、この三段階の「のぼりおりᅟ」を通して、「改善の余地」を探るのであれば、相手や自分に対する認識を、相手と自分との関係性を、深めることにつなげられるはずです。

それを続けることが、「表現としての介護」に〈魂〉を込めることになる、と私は考えます。

これまでに述べてきたように、私は「介護」を「表現」として位置付けています。そして、その「表現」は魂を込めることで「表現作品」ともいうべきものに発展します。

「人柄と間柄が織り成す表現作品」
「お互い様を認め合う表現作品」
「瞬間共同体ともいうべき表現作品」に。

雰囲気や情緒、心の波動のように「目には見えない援助関係の質」が鍵となり、伝わり合い作り上げる、そんな「表現作品」を創造するのであれば、その人は〈介護クリエイター〉と呼ぶにふさわしい存在ではないでしょうか。

そして、この「表現作品」は援助者一人では完成できません。クライエントも含めた仲間という存在があってこそ、味のある作品に仕上がるのです。

第3節 「生きる知恵」とは何か

1. 介護の見えにくさ

たとえば、とても優秀な介護職がいたとしても、その人はカリスマ美容師のように華やかな舞台で脚光を浴び、その技量を披露することはありません。デリケートな部分に多く関わるほど、プライバシーへの配慮や人知れずそっと行う「さりげなさ」、クライエントに気兼ねさせない「自然さ」が技量として求められるからです。そこに介護という仕事の一つの特徴があると思います。

介護職の仕事は、外科医の手術での成功や、弁護士の裁判での勝訴のようにわかりやすく成果を示しにくいものです。時には、クライエントに認識されないことも、記憶に残らないこともあります。

クライエント自身にも「他人の世話にはなりたくない」という思いが少なからずあるでしょうから、気づかれない方が良い場合もあるでしょう。

また、介護の仕事は、手術や裁判のように明確なフィールドを示しにくいものでもあります。

このような介護の性質が「見えにくさ」につながるのではないでしょうか。それは、社会の目を曇らせ、偏らせる要因にもなり得ます。そのような「見えにくさ」を持つ介護において、介護職は自身をどのように見るのでしょうか。

抽象論ではなく、介護を「見えやすく」表現するために、当事者目線で追体験するように話を進めたい、と思います。そのため、あくまでも個人的な例になりますが、介護職自身は自己をどう捉えているのか、その一例として述べます。

私の場合、トイレに尿とりパッドが詰まったと聞けば、すぐに駆けつけ便器に手を突っ込みます。水が溢れるとタイルの床が滑りやすくなり転倒事故を誘発するからです。度々尿とりパッドを流す当人にはその自覚がありません。そのため、日によっては何度も詰まることもあります。そこで、その人がトイレに行く様子が見られたら、トイレ詰まりはないかをすぐにワーカーが確認します。利用者の中には、ワーカーと同じように確認してくれて、「またトイレが詰まっているよ」と教えてくれる人もいます。次のトイレ使用者が水を流すと溢れ出しますが、その前に発見できれば、尿とりパッドを取り出すだけで事が済みます。

しかし、いくらしっかり者の利用者だとしても、そう頻繁に詰まらされたら頭にも来ます。見過ごすと、利用者同士の口論になることも、また、いつも我慢しているしっかり者がストレスで便秘になることもあるわけです。ワーカーには、トイレトラブルだけではなく、人間関係や心のトラブルも含めた観察力が求められます。

なるべく大事になる前に、トイレの詰まりも、心のモヤモヤも、水に流したいものです。

また、これも個人的な例ですが、

ネットオークションで落札した演歌の大御所風メタリックカラーの着物で踊ることも、

節分の日に、全身タイツと虎のパンツで鬼に化けることも、買い物依頼された「股割れパンツ」を探して売り場の店員にあやしい目で見られることも、稀に、看護主任から「看護のことに口を挟むな」と注意を受けることも……あります。

それでも、クライエントの生活に関わることには、首でも、手でもすぐに突っ込んでしまいます。

そのような意味で言うと、私にとって介護職は、旅芸人にも、鬼にも化ける存在です。水道屋や下着屋、医療職ではないけれど、生活に関わり、必要であれば疾風のように現れる「月光仮面」でもあります。

例えて言えば、介護職は、歌舞伎舞台の「黒衣《くろこ》（「くろご」ともいう。衣装の着脱や小道具の片付けなどの舞台進行の介添えをする）」のような存在です。

時には、呼ばれなくてもやってくる「お節介屋」や「何でも屋」と揶揄されることもあります。

それでも、です。人には頼みにくいことも、見られたくない弱みも含めた上での私たちの「生活」です。

そして、それは科学的な見方だけで捉え切れるものではありません。

それを支える「介護」も、また「科学的介護」という狭い枠にはめ込んで捉えるものでもないでしょう。

それではますます見えにくくなります。

だからこそ、「頭の中の目」と「心の目」を働かせる必要があるのです。

そう考えると、「介護」は表面的に現れないものも含めて視野に入れるため、専門職としての守備範囲は無茶苦茶広いのです。だから、私は「何でも屋」と呼ばれることに誇りを持ちたいと思います。

せっかくの人生、その中で、出会った人と人が、「お互い様」と認め合い深めていくそんな関係の中にこそ、「介護の専門職性」があるのではないか、と考えるからです。

言うなれば、〈人生劇場　黒衣《くろこ》が舞を引き立てる〉です。

主役は、それぞれの人生の主人公クライエント。介護職は引き立て役。できれば、舞台を支える「縁の下の力持ち」でありたいものです。

しかし、それは業務マニュアルのとおりにやっていれば間違いないという単純な仕事ではありません。創造性や柔軟性が求められるからです。

いわば、「臨機応変な黒衣」という役どころです。そのような性質が介護職には求められます。

また、「何でも屋」のような性質を持つ介護職に〈専門職性〉というものがあるのか、という疑問も浮上してきます。

それを確かめながら、「生きる知恵」に迫りましょう。

2.「介護は受けたくない」の裏に見えるもの

「まえがき」でも述べましたが、私は同窓会で会った何人かの知人から介護職として働くことに対して、「エライなぁ。ようやってるなぁ（大変だなぁ。よくやっているなぁ）」と声を掛けられました。

中には、「認知症の人も相手にするんやろ。オムツを替えたりも。エライこっちゃでぇ」「正直、オレには絶対に無理や。オレは自分が年取っても介護とか受けたないし。そこまでして長生きしたいとも思わんわ」とハッキリ言う人もいました。

それを悪気なく言われた私としては、〝トイレ詰まり〟のように、心に引っかかるものを感じました。

しかし、これは不思議な話です。生き物の本能として考えれば、長生きを望むはずだからです。

これをわかりやすくするために、他の対人援助と比べてみましょう。

たとえば、訴訟問題であれば、トラブルを認識した人が法律事務所などを訪れます。カウンセリングであれば、心に何かしらのトラブルを抱える人がクライエントとしてカウンセラーの前に現れます。教育であれば、その必要性を認めた生徒が教育機関を利用します。多くの場合、援助やサービスなどの必要性を認識した人が、そのための機関を利用したいと思うわけです。

しかし、介護ではどうでしょうか。必ずしも上記と同じとは言えません。

たとえば、認知症などにより介護の必要性を認識できない場合もあります。しかし、それ以外にも、認知機能の低下とは別のところで、介護を受けることに対して否定的な人や、介護の必要性を認めたくない人もいます。

何がそうさせるのでしょうか。なぜ、介護が必要になったから、その機関を利用したい、と当たり前に思えないのでしょうか。なぜ、自己の存在を否定するかのように「長生きはしたくない」と言わせてしまうのでしょうか。

次の三つの例から考えてみましょう。

例①．「ピンピンコロリ」

「健康長寿プロジェクト」（経済産業省の受託事業）のホームページ[42]に掲載される「ピンピンコロリの法則」からの引用です。

「ただ長生きするだけでなく、私たちが望むのは、なくなる（原文ママ）直前まで元気に活動するピンピンコロリ（PPK）の人生であり、不幸にして長期の寝たきりになって亡くなるネンネンコロリ（NNK）ではないでしょう。」（傍線、滝北）

上記の「私たち」とは、誰を対象にしているのでしょうか。国民全体を指すのでしょうか。そして、そこには、現在介護を必要とする人や長期的に「寝たきり」とも呼ばれる状態にある人は含まれているのでしょうか。

この引用文には、主語をすり替えるトリックのようなものを感じます。表面的には、「私たち」という言葉は「国民全体」を思わせるように装っています。しかし、その装いに潜む主語は、「国」や「行政」、それらの「受託事業」などではないかと感じます。だとすれば、ここにある誤魔化しには、国民の思想を操作するような意図さえ感じます。「ネンネンコロリ」を否定し、「ピンピンコロリ」を肯定しようとする価値観こそは思想操作の影響を受けるものだとも感じます。これは気のせいでしょうか。この引用文が行政機関の受託事業から発せられていることを考えれば、「社会保障給付費の医療や介護が占める割合を抑えたい」とする国の思想を感じるというのは、的外れな話と言えるでしょうか。

例②．「二〇二五年問題」

メディアなどでよく使用される「二〇二五年問題」という言葉です。これは、戦後日本の成長を支えてきた団塊世代が後期高齢期を迎える二〇二五年を、「長寿を祝う」ではなく、「二〇二五年問題」と「問題」呼ばわりです。少なくとも「問題視」しているような感じを受けます。

例③．「介護予防」を強調するスローガン

「介護予防」という言葉は、介護保険サービスに限らず至る所で目にします。それが「要介護状態になることを極力遅らせる」「要介護状態になるのを未然に防ぐ」「すでに介護が必要な場合は、状態が悪化しないよう努め、改善を図る」などと強調されれば、されるほど、「要介護状態に対する否定」のようなものを感じるのです。

これら三例を振り返ってみましょう。

考察部分にある「感じます」や「感じる」の主語は、文法的には論述している私（筆者）ということになります。

しかし、お気づきでしょうか。

たとえば、

ここでの主語は、次のように置き換えることができるはずです。

「団塊世代」「高齢者」「介護を要する人」「介護を要する自分を想像できる人」など

そして、この人たちが、三例に挙げた表現に対して、上記のように「感じている」とする見方は、単なる気のせいだと言い切れるでしょうか。

更に言えば、この三例には共通点があります。

それは、「鬼」です。不安や疑う気持ちが見せる「疑心暗鬼」です。この「鬼」は、一種の「社会観念的幻想」です。吉本隆明氏の言葉を借りれば、「共同幻想」です。超高齢社会への不安が、それを生んでいるのではないでしょうか。幻想にもかかわらず、その鬼が人々の希望を奪い、「長生きはしたくない」と思わせているとすれば、そいつは大人しくさせなきゃなりません。「疑心暗鬼を生《しょう》ず」ばかりじゃ、世の中も、介護も、暗くなるからです。

そのためには、「明日の事を言えば鬼が笑う」というくらいですから、未来に明かりを灯してやりましょう。それが、まえがきで述べた、ケアワーク（介護）を知的冒険とする由縁です。その意味では、介護の〈明かり〉を灯す人は、ヒーローとも言うべき存在なのかもしれません。

3．「武器」としての、「笑いの教育」としてのコトワザ

社会に落とされた影に立ち向かう武器としてのコトワザ、暗さを笑いに変え、物事のカラクリや筋道を考えさせてくれる教育アイテムとしてのコトワザ、そんなコトバのワザを『還暦川柳　60歳からの川柳』の中から三つ紹介します。

・**「長生きはしたくないねとジム通い」**(43)（作　伊藤晴夫　75歳）

これは、皮肉が効いています。

「ネンネンコロリよりもピンピンコロリを尊ぶ世相」への皮肉です。「長生きはしたくないね」は痛烈な言葉ですが、それと矛盾する「ジム通い」に弁証法的ユーモアを感じます。暗さを明るさに変える庶民の「しぶとさ」さえも感じます。

・**「団塊は発展支え今荷物」**(44)（作　内田和彦　66歳）

これは、まさに「二〇二五年問題」という言葉が悪げもなく使われる社会への風刺であり、批評です。「ネンネンコロリ」も、「二〇二五年問題」も、当事者の気持ちを想像しようとしないものです。まさに、これまでに述べてきた「符号化された言語」そのものではないでしょうか。

・**「老いてなお自立・自立と励まされ」**(45)（作　森岡加代子　63歳）

これも、「介護予防」や「自立支援」を強調する一本主義への皮肉や警鐘と言えるものではないでしょうか。

これらのコトワザ（本書では、川柳もコトワザに含めて捉えます）には、思想が込められているように思えます。

「ピンピンコロリばっかりじゃ、あやしくないですか？」
「表側だけしか見ないで鵜のみにするんですか？」
「確かめようとしなきゃ、どんどん視野が狭まりますよ」

そんな声さえ聴こえてくるようです。

コトワザ的に言いますと、「一枚の紙にも裏表」という思想です。それがなければ、「介護は受けたくない」の裏側も見ることはできないでしょう。

たとえ介護職が、「介護は単なるお世話ではありません」や「介護を受けることに気兼ねを感じないでください」と声を掛けたとしても、介護を要する当事者にとってそれは介護職側の論理でしかないのかもしれません。「ハイ。そうですか」と簡単にはいかないのです。

ロボットのセンサーやコンピューターの思考法では捉えられない裏側があるからです。見られたくないものも、一筋縄ではいかないものも、割り切れない思いも、中間領域も、生身の人の胸の内にはあるからです。

「中間領域」とは、色に例えることもできるでしょう。先にも述べましたが、国内で「青信号」と呼ばれる色は、国際基準から外れない範囲で青色に近づけた緑色です。色覚障がいのある人に配慮した「中間領域」とも言えるものです。

また、カフェオーレの色で考えてみた場合、コーヒーの成分と水、ミルクを混ぜ合わせる割合を変えていけば、無限ともいえる配色を作り出すことができます。スタート地点とゴール地点はそれぞれ一つであっても、その間を結ぶ道筋が数えきれないほどあるように、です。そのような奥行きを持つものが「中間領域」だと私は考えています。

「介護を人から受けるのは気兼ねする。どうせだったら、介護ロボットの方が気を遣わないから良い」という人もいるでしょう。

「お互いに気遣いし合うからこそぬくもりを感じる」という人もいるはずです。また、「死にたい」と口にしながらも、病院を予約し、待合室で顔馴染みの患者と世間話をしながら病の怖さを忘れようとする、それも人です。

そんな風に複雑に入り混じる心情、生身の感情は、「アリか、ナシか」という思考や見方だけでは捉えることができないのです。

老いや死を迎えることは誰の人生にとっても、初の体験になります。その時を迎えるまで誰もが未経験者です。知らないことに不安を抱くのは当たり前のこと。私も怖くないとは思いません。

しかし、です。自分も通るに違いない「介護」という道が、真っ暗闇では寂し過ぎます。

だからこそ、心強い〈明かり〉を探したいのです。

そのためにも、介護に対して、表も、裏も、中間領域も、科学も、前科学も、非科学も……と、幅広く見ようとする目を持ちたい。心無い符号のような言葉を鵜のみにせず、また、幻想にも飲み込まれることがないように、です。

介護を要する当事者やその家族を除けば、一番近くの特等席にいるのが介護職です。もしも、「鬼」がいるというのなら、そいつの正体を確かめることも冒険です。

そして、こう言ってやりたい。

「渡る世間に鬼はなし」

「笑う門には福来る」

コトワザを武器に鬼を笑わせてやりたいものです。

4．「介護の専門職性」を問う

「見えにくさ」という性質を持つ介護です。その「専門職性」について述べるにしても、当然、抽象的な話だけでは、どうもピンと来ないでしょう。それでは困ります。できれば、私の頭の中にある認識を透かし見るかの如く伝えたい。

そこで、なるべくそれに近づけたいという思いから、私の思考過程を追体験するという形でテーマに入ります。

「介護」という地図

無資格・未経験のため、ケアワーカーの見習いアルバイトとして特養で働き始めた私は、見様見真似という感覚的なところから介護の世界に入ってきました。要領も、仕事覚えも悪く、初めは何一つまともにはできませんでした。経験を積むことで何となくそれらしいことができるようになりましたが、それでも何年もの間、目の前の仕事を行うだけの視野しか持てずにいました。

例えて言えば、頭の中に「介護」という地図が描けずに、手探りで進むようなものです。そんな当時の自分に、もし、「介護の専門職性とは何か」と質問していたら、きっとこう答えただろうと思います。「日々の仕事に追われていたら、とてもそんなことを考えている暇はないよ」と。

これでは、日々の経験の意味や価値に目を向けず、介護職自らが介護実践を、猫にとっての「小判」や馬にとっての「念仏」のように扱うのと同じです。実にもったいない話です。

新人から、新人教育担当、介護主任という立場になるにつれて、任される仕事も増えていきました。仕事と向き合おうとすれば、それに関わる疑問も深まり、解けた疑問の先にまた新たな疑問が待っていることも知りました。

たとえば、自宅であれば「目を閉じている」としても、何とかその場所から移動しトイレで用を足すこともできるでしょう。また、玄関まで移動し外に出ることもできるのではないでしょうか。経験的な勘や感覚というものを頼りにその世界を捉えているからです。しかし、外に出てみるとどうでしょうか。自宅から離れるほど経験的な勘と感覚だけでは捉え切れない世界が広がります。

藁にもすがる

先の「目を閉じている」とは、「見ようとしていない」「わかろうとしていない」とも言い換えられます。つまり、認識するための目を働かせていないということです。自分の世界を豊かにし、広げるためには、勘や感覚だけでは限界があるのです。

たとえば、道路地図であれば、交差点名やバス停の名前、各道路の位置関係など、その地域の情報がドライバーに役立つように表現されています。

介護職であれば、その地図のような認識を持ち、「介護」の世界を渡って行きたいものです。それを持つことで自分が今どの地点にいるのかを知ることもできます。目標地点にはどのように向かえばよいのかという見通しもききます。

しかし当時の私には、ぼんやりとした地図しか頭の中にありませんでした。そんな不確かなものでチームをリードしようとする自分が、偽物のリーダーのように思えました。

どうすれば、より確かな地図を手に入れられるのか、藁にもすがりたい気持ちで、現任者が働きながら通える学校を探しました。

そして、介護の教育担当者や教員の養成課程などがある学校（神奈川県立保健福祉大学実践教育センター）を受験しました。

その面接で初めて、「あなたは『介護の専門職性』について、どのようにお考えですか？」という質問を受けました。

驚きました。そして、自分の頭の中にある地図がぼんやりとしていたのは、それについて深く考えてこなかったからだと思いました。当然、すぐには答えられません。それを学ぶために入学したいというのが本音だったからです。しかし、それでは答えになりません。私はその場で頭をフル回転させました。

その思考の働きを目に見えるような言葉で表現するとしたら、次のようになります。

「頭の中の図書館」

たとえば、頭の中に「頭脳」という大きな図書館があるとしましょう。そこにある本棚には知的財産としてそれぞれの「認識」が保管されています。その建物の中で、私は階段をのぼったり、おりたり、フロアを行ったり来たりと、とにかく縦横無尽に駆け回りました。本棚の中から「介護の専門職性」に関係するもの（認識）を片っ端からかき集めるために、です。

そして、その中から私が「これが一番だ」と思い取り出したものは、「師匠の介護メソッド」として述べた前田ワーカーの「手当て」でした。ベッドに腰掛けて永井さんの背中をさする前田さんを思い出しながら、その話を面接官にしました。

学校に入学できたという意味では、面接官の質問に答えられたのかもしれません。しかしそれは、頭の中のまだ真っ白に近い地図（認識）しか持たない自分と向き合うスタートでした。なぜなら、本当の学びは教えてもらうものではなく、自分で探し出すものだと気がついたからです。

自由に語り合える場と仲間を求めてその学校の同期生らと研究会（植垣一彦氏を顧問に迎えた「介護実

践教育研究会」）を立ち上げました。その活動はもうすぐ二十年を迎えます。ここには、介護や看護、教育の現場で自分の答えを探そうとする人が足を運びます。

そして、いつしか私は介護の妙味を伝えるメッセンジャーになりたいと思うようになりました。介護職として、満足できる経験を積んだのかというと自信は持てません。しかし、介護を担う次の世代に種を蒔きたいという気持ちが抑えられなくなり、介護職として十年勤めた後、縁あって介護福祉士養成校の教員になりました。そして、十余年が過ぎ今に至ります。

既述のエピソードは、介護職として日々を振り返り、感じ、思い、考えた覚え書を基にしたものです。経験に意味と価値を見出し、実践を自己の教育につなげようと自問自答してきたものです。これまで出会ったお年寄りや同僚、仲間が、私の教科書です。そこでの出会いや経験、それらすべてが財産です。師に教えを乞い、仲間と語らい、自問自答を重ねる中で、今の自分が「頭の中の目」で捉える「介護の専門職性」というものを表現したいと思います。

5.「介護の専門職性」を考える

介護職は〝何でも屋〟の色合いを社会的にも強め、「専門職性」がますます曖昧で、捉えにくくなっているように思えます。その社会的背景には、マンパワーの不足があることは否めません。

また、そういうときほど、現場では創造性や柔軟性に優れた人がヒーローのように期待され、重宝され、超人的な多忙を極めています。その中で求められる「介護の専門職性」とはどのようなものでしょうか。

それを考えるモチーフとして、また、抽象概念に具体性を持たせる案内役として、対人援助を象徴するヒーローに目を向けてみたいと思います。

燃やし続けるエネルギー

「ろうそくは身を減らして人を照らす」というコトワザがあるように、介護職も自らを「ろうそく」のように感じることがあるのかもしれません。クライエントの悩みや悲しみ、苦しみを、少しでも理解しようとするとき、少なからずダメージを伴うこともあるでしょう。

たとえば、アンパンマンは自分の身体の一部であるパンを空腹の相手に差し出します。しかし、その献身により自身に、ダメージを受けるとしても、彼には新しい身休パーツが用意されます。これは、充足する「エネルギー」を意味します。燃え尽きずに存在し、援助活動を続けるためにも、「エネルギー」が必要です。そして、それは介護職も同じです。

では、介護の専門職として、存在し、活動し続けるための「エネルギー」とは何でしょうか。

その手掛かりは、やなせたかし作詞の「アンパンマンのマーチ」の歌詞にもあると思います。

「なんのために生まれて　なにをして生きるのか　こたえられないなんて　そんなのはいやだ！」


私も、この歌詞に共感を覚える一人です。

介護に携わる者として、

「自分という存在の意味は何だ？」

「自分はなぜこんなことをしているのだろう？」

「ヒーローでもない自分が、なぜヒーローの真似をしようとしているのか？」

このように自問することが何度もあります。

仕事を抱え、仕事に追われるときほど、自分が只の〝何でも屋〟ではないのかと揺らぐ自分もいます。

「やってられない！」と頭に来る自分も、「逃げ出したい」と思う自分も、情けない自分も、自分を見失いそうになる自分もいます。

ドロドロしたものも、汚いものも、自分の中にはあります。月光仮面のように善い人でもなく、アンパンマンのように献身的にもなれない自分は、やはり偽善的な存在なのでしょうか。

では、〝ホンモノ〟とは何なのでしょう。

上記のやなせたかしの言葉を、対人援助の専門職性に重ねてみます。

「何のために生まれてきたのか」という問いに対して、介護職としてその答えを求めるとすれば、「介護の専門職として自分が存在する意味を確かめること」になるでしょう。

もしもこれがなければ、猫にとっての「小判」のように、自分の存在を無価値や無意味なものとして捉えることになります。そして、それは〝バーンアウト（燃え尽きること）〟の引き金になるのかもしれません。それでは、援助者としての存在を維持することも、また、その活動を維持することもできません。

しかし、介護職としての自分の存在意義やその営みの意味を確かめることができれば、それは自分という存在を生かし、「何をして生きるのか」を考え、活動するエネルギーになります。

私たちは、食べ物から「栄養分」を摂取して「エネルギー」（生きる力）にするように、経験からも「学び」を摂取して「エネルギー」（生きる力）にしているわけです。

では、どのように「エネルギー」に変換すればよいのでしょうか。

6．「介護職」と「介護」を支えるエネルギー

介護を「表現」として捉えると、介護職は「表現者」ということになります。そして、介護職の「表現」には、次の「図F」のように大きく二つがあると私は考えます。

一つは、介護職自身が、クライエントやその生活という対象を認識し、その認識を介護という営為で表現するものです（図Fの①）。言語によるものと、言語以外の雰囲気や表情、動作などを用いたものがあります。どちらも、その目的はクライエントのニーズに応えることです。

もう一つは、介護という営為を言語化するという表現です（図Fの②）。その目的は、「介護職」と「介護」を支えるエネルギーを得ることです。そして、この二つ（図Fの①と②）は、相互に影響し合うものです。

この「介護という営為の言語化」（図Fの②）については、「介護職」と「介護」のそれぞれを支えるエネルギーとして以下に述べます。

(1)．**「介護職を支えるエネルギー」**

「介護職を支えるエネルギー」とは、介護職が自身の存在意義を確かめ、日々の介護実践（図Fの①）や経験から「学び」を摂取し、「エネルギー」（生きる力）にするものです。それには言語化（図Fの②）という思考過程が欠かせません。

その理由は、「これまでの自分」が「これからの自分」に、プロとしての仕事ができるように案内したいからです。

たとえ「可愛い子には旅をさせよ」と言っても、ただ「旅（経験）」をさせるだけでは不十分なのです。それだけでは物事の表側しか見ようとしていないのと

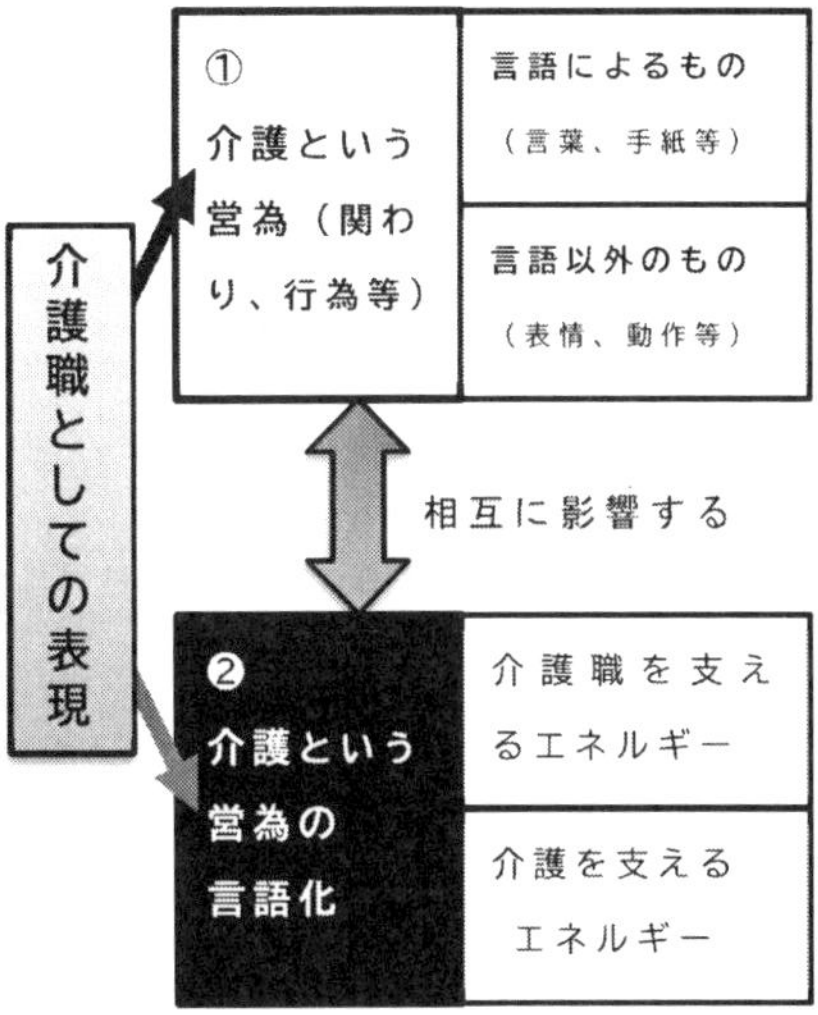

【図F：介護職としての表現】

同じだからです。このコトワザの裏側にひそむ論理は、「経験」を自分を生かす「エネルギー」につなげることです。

言うなれば、

〈可愛い子には旅（経験）とその意味づけをさせよ〉です。

どんなに良い経験をしても、それを曖昧なまま頭の中に放置しては、「宝の持ち腐れ」です。しかし、たとえ失敗をしても経験から「学び」を掴みとれれば、自分を生かす「エネルギー」につなげられます。

日々の実践や経験から得た「学び」を「これまでの自分」が「これからの自分」に、わかりやすく説明するように言語化できれば、その認識はより確かなものになります。そうした思考過程により鍛えられたものほど、役に立ちやすく、生かしやすいのです。

まとめると、介護職として日々の実践を振り返り、言語化するという思考過程（図Fの②）は、次の介護実践（図Fの①）においても生きるということです。そして、「経験」の「意味づけ」を深めることが、自分を生かす「エネルギー」になる、と考えられます。

そのような思考力を豊かにするということは、例えて言えば、「頭の中の図書館」の使い勝手を良くして、機能を拡張していくようなものです。

また、言語化された認識は、本書のように他者との間において開かれたものとなります。そこでは、批判や点検、助言などを受けることでより鍛え上げることができます。

⑵・「介護を支えるエネルギー」

ここで言う「介護を支えるエネルギー」とは、「応援」や「援護」、「連携」などの力です。端的に言えば、「味方」という意味です。それを得るためには、相手に自分の認識を伝えなければなりません。伝わらなければ、連携も上手くいきません。また、社会からの誤解を招くことにもなりかねません。そのためにも、「介護」という営為を言語化し、その味わいや「介護職」の存在価値などを人や社会に伝える（図Fの②）必要があるわけです。それは、連携を図るためにも、介護を暗くする「共同幻想」を打ち消すためにも大切です。また、新たな味方を増やし、後進を育成するためにも大切なことです。

だからこそ、介護の専門職は、自身とその営為の持つ意味や価値を、人や社会に伝えられるように認識を深める必要があるのです。

上記⑴と⑵の内容を簡単にまとめます。

「介護の専門職性」を支える条件には、「介護という営為での表現（図Fの①）」と「介護という営為を言語化する表現（図Fの②）」があります。どちらも、対象を認識し表現するという意味では同じです。その違いは、対象と表現方法にあります。その違いを図で示すと次頁の「図G」のようになります。

この「図G」からも❶と❷のどちらにおいても、「表現」の土台に「認識」があることがわかります。そのため、❷の言語化という思考過程により深められた認識は、また次の❶の営為での表現においても生かされます。この❶と❷を繰り返すことで、どちらの表現もより豊かに発展します。

つまり、❶と❷のどちらの表現においても、介護職が対象をよりわかりやすく説明できるように、認識を深めることが大切になります。そのような思考過程に裏付けられた表現は、

❶として「クライエント」の生きる力を支え、

❷として「介護職」と「介護」を支えます。

すなわち、「介護職」と「介護」を支えるエネルギーに変換するためには、認識を深める論理的な思考力が求められます。

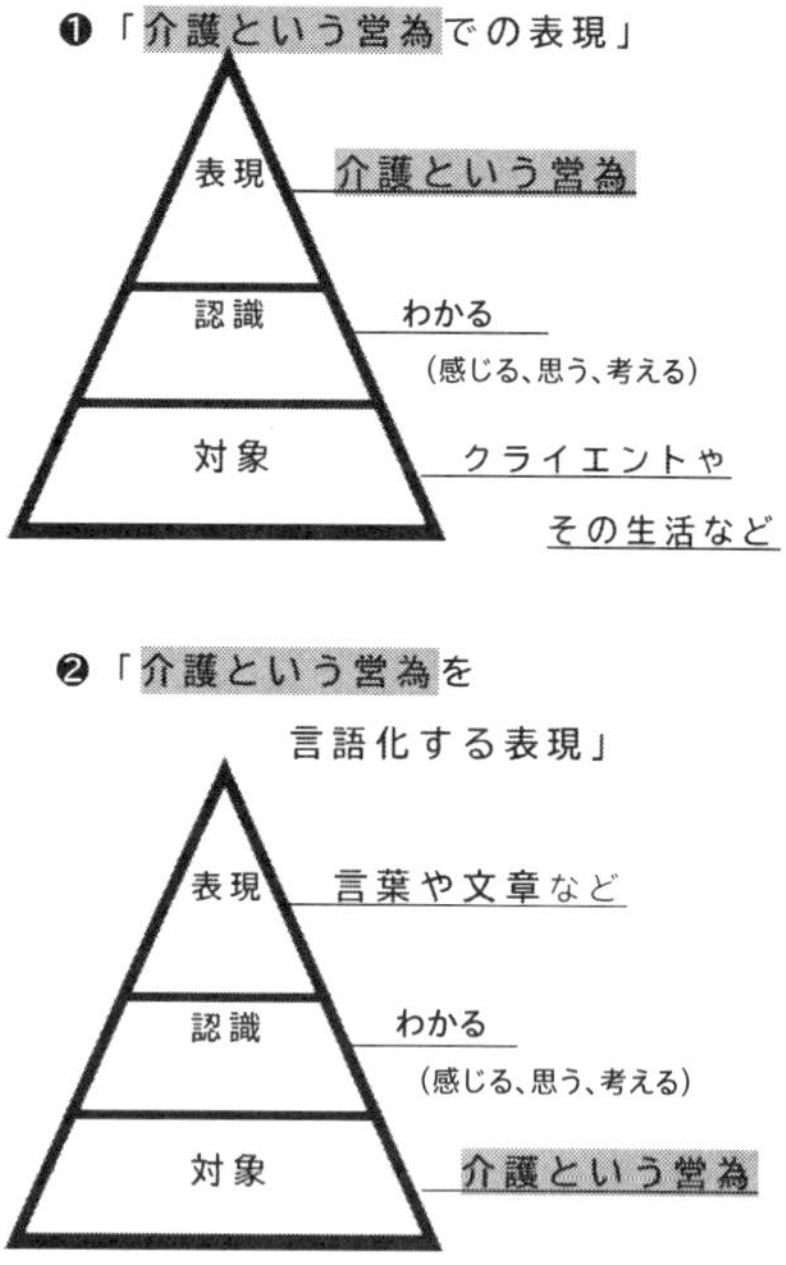

【図G：介護職としての表現の違い】(46)

7．「介護の専門職性」とは何か

「介護という営為での表現（図Gの❶）」と「介護という営為を言語化する表現（図Gの❷）」との行き来が、認識を、より確かに、より実用的に、鍛えていきます。その力が「介護の専門職性」を支えます。

しかし、これは「言うは易く行うは難し」です。なぜでしょうか。


それは、介護には、「見えにくさ」があるからです。

また、「クライエント」の見えない胸の内や声にならない声、割り切れない心情、「介護は受けたくない」というような複雑な思いなどにも目を向ける必要があるからです。にもかかわらず、私たちには、対象を認識し尽くすことも、認識を表現し尽くすこともできないからです。

では、どのように表現すればよいのでしょうか。

その手掛かりとして、『ケースワークの原則（新訳改訂版）』を翻訳した尾崎新の言葉を二つ引きます。


「バイステックの書いた本は、あくまで原則・基礎を論じるところにとどまっていることも忘れてはならないことです。彼の主張を鵜のみにして、それだけに頼っても、さまざまな臨床場面に対応することは困難です。臨床は原則だけでは身動きができません。原則に加えて、臨機応変で柔軟な思考や判断が求められます。また、援助者の一人ひとりは、それぞれに自分に適した原則の生かし方を発見して開発していく

必要もあります。」[47]（傍線　滝北）

「援助関係を形成する際の基本となる事柄は、決して『格好がよいもの』ではないこと、『小手先』の技術だけに頼ったのでは『借り物』の『嘘くさい』関係しか形成できないことなどに気がつきました。また、自分の迷いやあせりをきちんと通過しなければ、自分のもち味や個性を生かした援助関係をつくることはできないことも学びました。」[48]（傍線　滝北）

これは彼が精神医療の世界でソーシャルワークの実践に悩みながらも、その実践とバイステックの理論を結び掴みとった認識です。経験を意味づけ、それを価値ある宝とする言葉ではないでしょうか。

これらの言葉から、自分に適した知識・技術の生かし方を発見し開発すること、小手先ではなく生身の自分を通過させることがなければ、たとえ「介護という営為」や「その営為の言語化」として表現しても、それは自分を生かすものにはなりにくい、と考えることができます。

「自分に適した原則の生かし方」や「自分のもち味や個性の生かし方」とは、別言すれば、「自分の生かし方」や「生き方」です。その探究とは、〈テツガク〉すること。

「見えにくさ」のある介護だからこそ、その表現において、感じ、思い、考え、頭の中の図書館を駆け回り（「頭の中の目」を働かせる）、自分に引き寄せたり、相手側に回り込むように心を動かして（「心の目」を働かせる）、対象を捉えようとすることが大切になる。それが、バイステックや尾崎のいう「きちんと心のなかを通過させる」ということではないでしょうか。

また、それがなければ、互いを〝生かし合う〟ような〈微調整〉も、〈改善の余地〉も、探ることはできないでしょう。介護が持つ「見えにくさ」を無視して、「頭の中の目」と「心の目」を働かせないのであれば、ますます対象を捉えにくくさせてしまうでしょう。それでは、「借り物」の「嘘くさい」関係は作れても、そこに〈血の通うもの〉が生まれるはずもないのです。

つまり、**介護職の大切な仕事は、「見えにくさ」を持つ「介護」においてしっかりと、感じ、思い、考え、「頭の中の目」と「心の目」を働かせることです。そして、その中で自分の内面と結びつけて、丁寧に経験の意味を見つけ出し、それを生かそうとすること**です。

それには「経験」を自分を生かす「エネルギー」に変える論理的な思考力が求められます。しかしそれは、理屈をこね回すだけの論理ではありません。きちんと心の中を通過させた感性的な論理です。

そのためには、表も、裏も、中間領域も、広く見つめる目を持ち、科学も、前科学も、非科学も、すべてのものから学ぼうとする姿勢で臨みたいものです。言うなれば、「全面教育学」(脚注)的に、です。

私の考えをまとめると、

「介護の専門職性」とは、「論理的思考力」と「感性的論理の思考力」を、「頭の中の目」と「心の目」を、きちんと働かせて、介護職として日々の実践や経験を意味づけ認識すること。その認識を介護職としての「生き方」の学びにつなげ、自分とその営為に生かすこと。そして、それを人や社会に伝え、介護を発展させようとすることです。

8.「生きる知恵」とは何か

知を愛すること

介護の中にある〈明かり〉を探してここまで述べてきました。

しかしまだ、「生きる知恵」とは何か、私の考えをハッキリとは示しておりません。それをより鮮明にしたいと思います。その前に「知恵」とは一体何でしょうか。

「知恵」には**「事の道理や筋道をわきまえ、正しく判断する心のはたらき。」**(49)という意味があります。

それをわかりやすくするために、既述の庄司氏の言葉を二つ引いてみます。

まずは、教育の本質について述べた言葉です。

「コノ世ヲ渡ルベク、□ノ生キ方ヲ学ビトリ、身ニツケ、行使スルコトデアル」(28)

たとえば、この□の中に「ロボット技術の開発者」を入れてみましょう。

「この世を渡るべく、ロボット技術の開発者の生き方を学びとり、身につけ、行使すること」

この場合でも、教育の本質として成立します。

たとえこの開発者が、「死神」と呼ばれるロボット兵器を開発するとしても、です。

それでも、その開発者の生き方を学びとり、身につけ、行使していると言えば、確かに、そのとおりなのです。

だから、教育というものが、怖いのです。明《めい》だけではなく暗《あん》もあるからです。

次に引きたい庄司氏の言葉がこれです。人間について述べたものです。

「つまるところ、ナニヲシデカスカワカラヌ厄介ナ存在」(40)

現実に、「死神」の異名を持つ軍用無人航空機MQ-Reaper(「Reaper」は英語で「死神」の意)は存在します。既にアフガニスタン紛争やイラク戦争などにも実戦投入されています(50)。

戦場から一万キロ以上も離れた場所から遠隔操作で参戦する兵士に対して、「ゲーム感覚」と批判する声もあります。実際に、アメリカ本土の基地から無人機を操り攻撃に従事した元アメリカ空軍兵士は次のように語ります。

「無人機の操縦者はすべてを目撃しますが、爆発音を聞くことも無く、興奮することもありません。聞こえるのはコンピューターの音と、同僚の息遣いだけです。無人機での攻撃を繰り返すうち、私は無感覚になっていました。」(51)

これは、人間の厄介さを露骨に表す言葉ではないでしょうか。

そして、無人機の開発者も、この元兵士のように、やはり、人として無感覚になっているのではないでしょうか。もしそうではないと言うのであれば、「テロ撲滅のため」「正義のため」と、自身に言い聞かせて兵器開発を進めるのかもしれません。

どちらにしても、兵器の開発や実用に携わる意識を持つ者ほど、人間が標的となる現実から目を背けようとする点では同じではないでしょうか。無感覚になることで自身を守ろうとする、そんな弱さが人間にはあるはずです。

そしてもし、そのような弱さも、ためらいも、人としての痛みさえも、感じなくなっているというのであれば、それは、いよいよ**ナニヲシデカスカワカラヌ死神化**が進んでいるのかもしれません。

そのように〝無感覚〟になるほど、この〝厄介さ〟は歯止めが利かなくなるはずです。

たとえば、「死神」と呼ばれる無人機を操る人間が、いつの間にか死神に操られるロボット人間と化し、無感覚で人殺しをするように。

実に、怖ろしく、愚かで、悲しい話です。しかし、これも現実世界を構成する人間の一面です。

このような厄介さを持っているということです。

だからこそ、「災い転じて福となす」です。「厄介さ」を転じたいのです。そういう知恵を働かせたい。

そんな見方ができれば、先の元空軍兵士の話も示唆的と捉えられるのかもしれません。

「ミイラ取りがミイラになる」ことを暗示しているからです。

弁証法的な見方もできると思うからです。

「思うこと」の力

この「思う」が、「厄介さ」と付き合っていくためには実に大事なことです。

庄司氏の認識の理論で言えば、抽象と具象の間の「半抽象」の段階です。概念的認識と感覚的認識の間の「表象的認識」の段階です。「考えること」と「感じること」の「中間領域」ともいうべき段階です。

ロボットの定義のところでも触れましたが、ロボットの認識の在り方には、この段階がありません。更に付け加えて言えば、コンピューターは、電気が流れる場合を「1」、流れない場合を「0」とした信号の組み合わせで情報を処理します。

もし、人間が「1か、0か」、「有りか、無しか」の思考でしか対象を捉えられないとしたら、どうなるでしょうか。

また、センサーで感じ取る表側の世界しか捉えられないとしたら、どうなるでしょうか。

それでは、「知」を「恵み」として生かすことはできないのではないでしょうか。

たとえ「OK　Google」という呪文を唱え、多くの知識や情報を入手できるとしても、です。

ロボットテクノロジーは、介護ロボットも、〝死神〟と呼ばれるロボットも生み出してきました。

そして、そのテクノロジーを操ってきたのは人間です。

「知」を「知恵」にも、「悪知恵」にも働かせる人間です。

何をしでかすかわからぬ厄介さを持つ人間です。

だからこそ、表側だけではなく、裏側にも、「中間領域」にも目を向けたい。「心持ち」や「想像力」、「思い」をしっかりと働かせたいのです。

人間が持つ厄介さに無感覚にならないために、
改善の余地を見出し「福」となすために、です。

その機縁の一つが「コトワザ」です。そして、「中間領域」に目を向ける「心持ち」などがより強く求められる世界の一つが「介護」なのではないでしょうか。

逆の見方をすれば、「介護」は「生きる知恵」の機縁を豊かに秘めるフィールドとも言えるでしょう。

またそれは、これまでに取り上げきた介護職の「生き方」や「関わり方」からも言えると思います。

それらは、決して「有りか（1か）、無しか（0か）」「テーゼか、アンチテーゼか」だけの狭い見方ではありません。ヘーゲルの弁証法を借りて言えば、矛盾する諸要素を発展的に統一する「アウフヘーベン」ともいうべき知恵が存するからです。そこには、「生きる知恵」が宿っているからです。それは、人づくりや関係づくり、もの作りにおいて、血を通わせるものなのではないでしょうか。

philosophy（フィロソフィ）

〈哲学〉「philosophy」は、ギリシア語の「philosophia」に由来し、「sophia（知）をphilein（愛する）」という意味を持ちます[52]。

だとすれば、先のロボット技術開発者の「知」への「愛」は、単なる知的欲求とも言えるものではないでしょうか。

それに対して、介護職の「知」への「愛」は、質の違うものです。介護職が「知」へ向ける「愛」には、その同じ方向に、手を当てずにはいられない相手がいます。手を当てずにはいられない「心持ち」としての「愛」が、そこに向けられているということです。

知恵の「恵」という文字にも、「愛する」や「いつくしみ」という意味があります。

「知」への「愛」の在り方が、「知」を本当の意味で「恵み」として生かすのかどうかを方向づけるのです。

そして、血の通うものかどうかを別《わ》ける、と私は考えます。

「Fancy may kill or cure.」（想像力は人を殺しも生かしもする）です。

「知」への「愛」の在り方が、生き方においても、「kill」か「cure」かを、方向づけます。

概念図で表すと次のような関係になります。

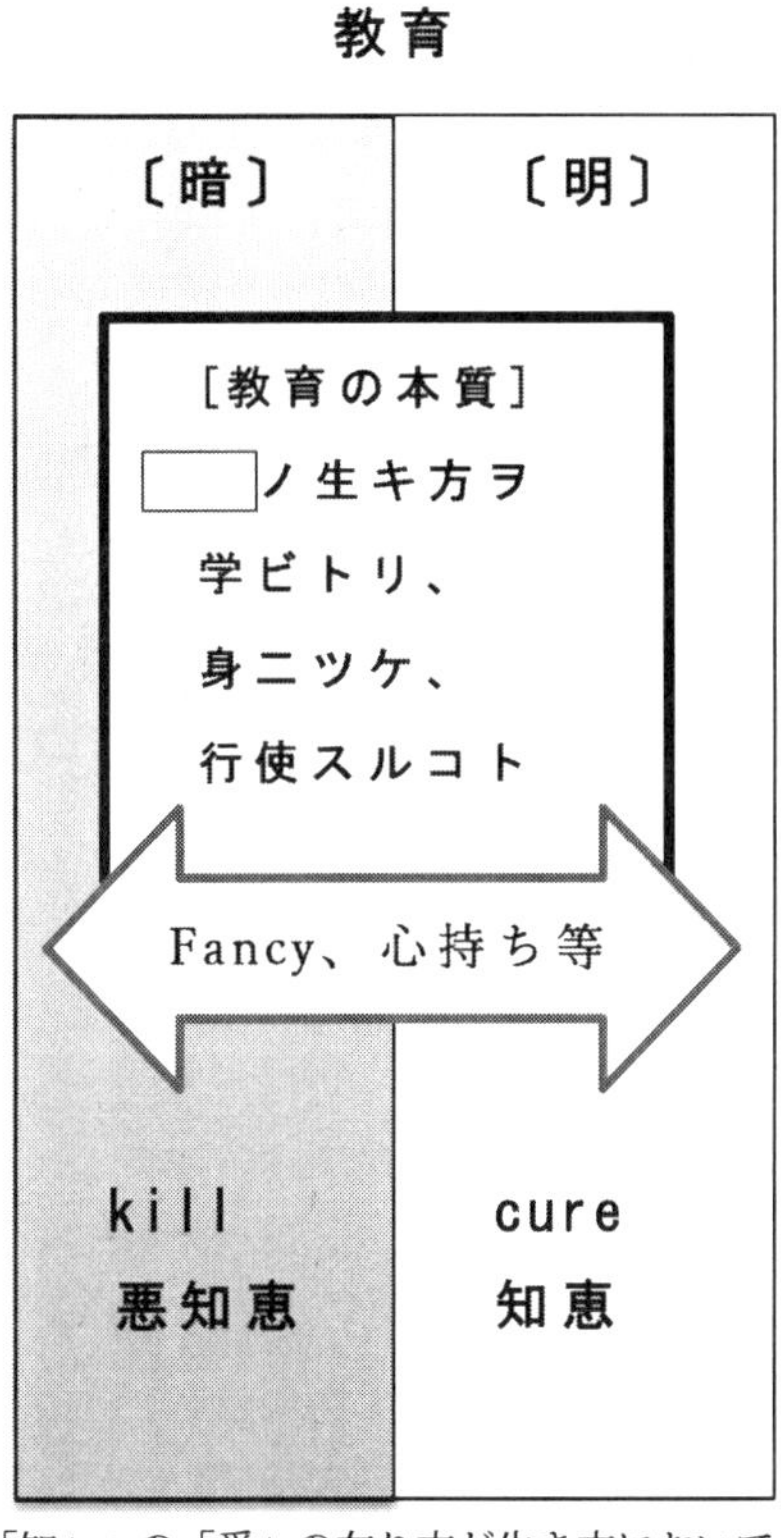

「知」への「愛」の在り方が生き方において
「kill」か「cure」かを方向づける。

だからこそ、先哲たちは次のような言葉を残しています。

「経験において重要なことは、どんな精神をもって現実に向うかということである。偉大な精神は偉大な経験をし、さまざまな現象のうちに真に重要なものを洞察する。」(53)（ヘーゲル）

「大切なのは、どれだけたくさんのことや偉大なことをしたかではなく、どれだけ心をこめたかです。」(54)（マザー・テレサ）

「生きる知恵」

私が考える「生きる知恵」について述べます。

「生きる知恵」の〈生きる〉とは、「手当て」の手を当てる人と、手を当てられる人との間に生まれる〈ぬくもり〉のようなものです。

相手をあたためようとする中で、自分があたためられ、あたため合うようなものです。

応援している自分がいつの間にか相手から勇気づけられるようなものです。

福祉用具や介護における表現者が相手を生かそうとする中で、自らも生かされるようなものです。

そのように「知」を「恵み」として生かしてこそ、初めて、人、もの、こと、関わり、知識、技術などが、本当の意味で生かされるのではないでしょうか。

私が考える「生きる知恵」とは、生き方や死に方からも学びとる知恵です。

そして、介護には、「生きる知恵」を内包した教育力があると考えます。もちろん、生身の人の生活に関わるわけですから、そこには、綺麗事だけでは片付けられないドロドロとしたものもあるでしょう。

また、そのような生活を支える「介護」も、すべてが善というものではないはずです。人は知恵を持つと同時に、悪知恵を持つ存在でもあります。人も、介護も、色んな側面を持っていて当たり前です。

だからこそ、ホンモノの「生きる知恵」を探す〈冒険〉がそこにあるとも言えるのです。

第一、完璧な人間なんているのでしょうか。また、自分のことを完全無欠だと思う人は、はたして他者に優しくなれるのでしょうか。

私は、介護職とは、援助者であろうとする過程で、

「お前は、人のことが言えるのか？」

「お前は本当に援助者なのか？」

そのように自問する者だと思っています。

また、そうした中で、自分の弱さや課題を知り、相手を理解しようとする力に変えていくことが、「生きる知恵」を探す道を照らす、と考えています。

神ならぬ身、不完全なればこその持ち味が、そこにあるはずです。それは、苦悩の中で優しさを見出そうとする強さとも言えるでしょう。善なるものにも、悪しきものにも、意識の目を向けて初めて対立と葛藤が生まれます。不完全な存在だからこそ、改善の余地も、発展もあるわけです。

ヒーロー

私が、前田ワーカーの姿に見た〈生き方〉とは、相手をあたためようとする中で、自分があたためられ、あたため合うような生き方です。相手を生かそうとする中で、自分が生かされ、互いに生かし合うような生き方です。

そんな心持ちの通い合いが、血を通わせ、ぬくもりを通わせるのではないでしょうか。それが、私の探究したい生き方です。その生き方を学ぶことは、自分を生かす力を得ることでもあります。

私が考える「ヒーロー」とは、完全無欠でも、孤高の戦士でも、鬼退治をする超人でもありません。当たり前に、悩んだり、へこんだり、揺れ動いたり、自分を見失いそうになったりもする人です。

だけど、そんな自分とも向き合える人です。

誰も気づかないところでも一生懸命で、「いつも貧乏くじばっかりじゃないか」と仲間にからかわれるような人、居酒屋で一杯やりながら仲間と愚痴をこぼし合うような人です。

そんなどこにでもいる、ごく普通の、当たり前のヒーローが、もっともっと社会から認められ、もっと応援を受けられれば、一部の誰かに超人的な重みを背負わせることも無くなるはずです。

支え合い、助け合う「お互い様」を認め合う社会や関係性が、「介護職」というヒーローを育て、強く支えるからです。

やはり、私の考える「ヒーロー」は自分の弱さも情けなさも抱えた普通の人です。それでも、自分と正直に向き合い、弱さも、情けなさも、相手のことを少しでもわかりたいとする心持ちに生かそうとするのであれば、それは十分に「ヒーロー」と呼べる存在なのではないでしょうか。

9. まとめ

介護ははじめからすべてが揃《そろ》った完全な世界ではないでしょう。もし仮に、そんな世界があるとすれば、そこには新しく何かを生み出す必要性も、あなたが求められる理由もきっとないはずです。
たとえて言えば、介護は、レシピ本のとおりに食材が調達できないとしても、今キッチンで揃えられるものに目を注ぎ、その人の習わしや生活スタイルに合わせながら創意工夫する手料理に近い世界なのかもしれません。
言い換えれば、目の前のその人に合わせる〈微調整〉〈臨機応変さ〉〈創造性〉が求められる世界です。
杓子定規な見方だけでは渡れない世界、
人間性を凝縮したような世界でもあるでしょう。
裏表の両面で捉える力が求められる世界でもあり、
また、そのような目が鍛えられる世界なのかもしれません。

だからこそ、介護には、〈明かり〉ともいうべき「生きる知恵」を学ぶ機縁があるのです。掴み得たものを、介護や、自分の生き方に生かそうとするのであれば、それこそは〈テツガク〉という名の知的冒険です。

介護を通して人間の生き方を学ぶ一人として、ちっぽけな存在かもしれませんが、バカでかいことを述べて、本書を締めくくろうと思います。

〈無いところに有る工夫。有るところに無い創造性〉

伝承コトワザで言えば、「迷わぬ者に悟りなし」です。

たとえ失敗し、悩み、壁にぶつかるとしても、その経験の意味を探し出したいのです。

ただし、一人で抱え込むのではなく、それこそ、「三人寄れば文殊の知恵」です。仲間と集めるのも知恵、貸し借りし合うのも知恵、絞り出すのも知恵なのです。

世界を全部自分の力で変えようなどという発想ではなく、身近なところで自分が相手を生かそうとする中で、生かされ生かせればよいのです。そこからです。自分の目の前にいる人と自分の間が、一人ひとりの間が、世界というつながりを創っているのですから。

知的冒険を簡単にあきらめてはもったいないわけです。


私には、やはり、人の頭脳活動というものが、「頭の中の図書館」のように思えます。言うなれば、無限とも思える広がりを持つ図書館です。

たとえば、主に脳を構成する「神経細胞（ニューロン）」は、脳全体で千数百億個にもなります。それが神経細胞同士で情報を受け渡す巨大なネットワークを築いています。一つの神経細胞からは、情報を伝える「軸索」と、情報を受け取る「樹状突起」が伸びています。脳全体のそれらをすべてつなげると、百万キロメートルもの長さになる(55)というのです。

地球を一周する距離が、約四万キロメートル。地球と月との平均距離が約三十八万キロメートルです。だから、百万キロメートルというのは途方もない長さです。小さな細胞の一つひとつが地球二十五周分、地球と月を一往復以上もできるほどのつながりを作っているのです。

そして、その生命の神秘世界は、私の頭の中にも広がっています。帽子のサイズが五十六センチメートルの私の頭の中にも、です。

だから、こんなことも思うわけです。

〈頭の中の図書館には、可能性という扉がある。その向こうには無限の世界がある〉

たとえ自分の寿命により、その図書館が閉館されたとしても、他者との間で開かれた知的財産ほど、他の図書館でも保管されることになるでしょう。

そして、それは新たな学びの種として芽を出すのかもしれません。

その種を「経験」や「感じるもの」と結びつけるのであれば、それは土に養分を与えるようなものです。「心持ち」や「思うもの」を注ぐのであれば、それは水やりを行うようなものです。「知識」や「考えるもの」と照らし合わせるのであれば、それは陽の光に照らすようなものです。

そのような種は、やがて、花を咲かせ、実をつけます。

そして、鳥がその実を食べて違う土地に種を運ぶように、他者の中に、他分野に、新たな学びの種として広がっていくでしょう。

たとえば、上野の国立科学博物館には、「縄文時代の手厚い介護」(56)を物語る資料が展示されていますが、当然その営みにも、その前身があったはずです。

今日の私たちがいう「介護」という営みの中にも、目には見えないだけで、先人から脈々と受け継いできた種があるはずです。命のバトンともいうものでつながっているのです。

コトワザは、人生という道に明かりを照らします。

介護は、「生きる知恵」の種を豊かに含む土壌です。

さて、私たちは〈明かり〉の種をどのように未来に蒔き、育て、生かしていきましょうか。

Hero lives in you.（ヒーローはあなたの中にいる）

第Ⅲ章の参考・引用文献一覧

●参考文献

(15) 介護福祉士養成講座編集委員会（２０１６）『新・介護福祉士養成講座3 介護の基本Ⅰ 第3版』、151ページ、中央法規出版

(22)、(46) 前掲(1)、19ページ図参考

(30) 久保健、高橋和子、三上賀代、進藤貴美子、原田奈名子（２００１）『「からだ」を生きる―身体・感覚・動きをひらく５つの提案―』、創文企画

(34) 介護福祉士養成講座編集委員会（２０１６）『新・介護福祉士養成講座15 医療的ケア 第3版』、60ページ、中央法規出版

(36) 大滝倫子・牧上久仁子・関なおみ（２００２）『疥癬はこわくない』、医学書院

(39) 茅野眞男・奈良昌治（２００１）『健診で心電図に問題がありますよと言われた人の本』、法研

(41) 植垣一彦「気づきの〈網〉を張る」、『第13回 神奈川県看護教育フォーラム２０１２』、収録誌所収

(50) 石川潤一・後藤仁・坪田敦史（２０１３）『無人の殺戮兵器が戦場を支配する！戦慄のロボット兵器』、ダイアプレス

(52) 『ブリタニカ国際大百科事典４ 小項目事典』、ティービーエス・ブリタニカ

(55) 理化学研究所　脳科学総合研究センター「脳の構造―BSI Youth」、http://bsi.riken.jp/jp/youth/know/structure.html　（最終検索日２０２２年２月22日）
(56) 国立科学博物館　―　縄文遺跡を辿る　http://www7b.biglobe.ne.jp/~uekabuto/kagaku-kan.html　（最終検索日２０２２年２月22日）

●引用文献

(16) 前掲(1)、46ページ
(17) F.P.バイステック、尾崎新・福田俊子・原田和幸訳（２００６）『ケースワークの原則（新訳改訂版）援助関係を形成する技法』、141ページ、誠信書房
(18) 前掲(17)、141ページ
(19) 前掲(17)、65ページ
(20) 前掲(17)、54～55ページ
(21) 前掲(17)、77ページ
(23) 前掲(17)、90ページ
(24) 前掲(17)、91～92ページ
(25) 前掲(17)、113～114ページ
(26) 前掲(17)、129ページ
(27) 前掲(17)、154ページ

(28) 庄司和晃（１９９４）『全面教育学入門—渡世法体得という教育本質観—』、５ページ、明治図書
(29) 『広辞苑　第六版（新村出編）』、岩波書店
(31) 『ブリタニカ国際大百科事典２　小項目事典』、ティービーエス・ブリタニカ
(32)、(33) 『大辞泉【第二版】下巻』、小学館
(35) 国立感染研究所「疥癬とは—NIID」（２０１５年２月12日　改定）、
https://www.niid.go.jp/niid/ja/kansennohanashi/380-itch-intro.html
（最終検索日２０２２年２月22日）
(37) 『広辞苑　第六版（新村出編）』、岩波書店
(38) 介護福祉士養成講座編集委員会（２０１９）
『最新　介護福祉士養成講座11　こころとからだのしくみ（第３版）』、79ページ、中央法規出版
(40) 前掲(28)、７ページ
(42) 健康長寿プロジェクト「ピンピンコロリの法則とは—健康長寿プロジェクト」、
http://ikiiki-laboratory.com/ppk　（最終検索日２０２１年10月18日）
(43) 公益社団法人全国老人福祉施設協議会・別冊宝島編集部編（２０１４）
『還暦川柳　60歳からの川柳』、７ページ、宝島社
(44) 前掲(43)、32ページ
(45) 前掲(43)、28ページ
(47) 前掲(17)、235ページ「訳者あとがき」

(48) 前掲(17)、232ページ「訳者あとがき」

（脚注）全面教育学研究会公式サイト、

「生のみでなく死の教育も、科学だけでなく前科学や非科学の教育も。近代教育法も伝統教育法も視野に入れた庄司和晃氏の構想する『全面教育学』。一面的な近代学校教育を相対化する壮大な教育学体系。その軸にあるのが『認識の三段階連関理論』。」

http://zenmenken2014.jp （最終検索日２０２１年10月18日）

(49) 『大辞林　第三版』、三省堂

(51) 船瀬俊介（２０１７）『ドローン・ウォーズ　〝やつら〟は静かにやってくる』、103ページ、イースト・プレス
ＮＨＫ「クローズアップ現代＋（２０１３年９月26日放送）」、ロボット兵器が戦争を変える、
https://www.nhk.or.jp/gendai/articles/3407/index.html （最終検索日２０２２年２月22日）

(53) ヘーゲル、松村一人訳（１９７８）『小論理学　上』、125～126ページ、岩波書店

(54) 中井俊已（２００３）『マザー・テレサ　愛の花束　身近な小さなことに誠実に、親切に』、103ページ、ＰＨＰ研究所

あとがき

「ご飯一粒には七人の神様がおるんや。残したらあかんで」と息子に言っていたりします。いつの間にか、母の口癖が自分の中に住み着いていているなぁ、と思います。

コトワザは古くから教育的に使われてきました。小学校の教科書にも見られますが、実のところ、国語科に導入されたのは割と最近の話（二〇一一年度完全実施の小学校学習指導要領に沿って）です。戦後の教育界では冷遇されていたわけです。近代化を急ぐあまり、コトワザのような前科学的な遺産を軽視する風潮が、長らく教育界にあったのではないでしょうか。そして、そのような価値観は今日の介護業界にもあるように感じます。

教育界では、庄司和晃先生が半世紀以上も前から小学生にコトワザの授業を行い、小学生が大人顔負けにコトワザづくりができることや、思想形成も含めたコトワザ教育の可能性を示してきました。この「小学生」が、私には介護の職に就き始めた頃の自分と重なる気がしました。

そして、こんなことを思いました。

バイステックのような学者でなくても、経験の少ないケアワーカーであっても、その経験から〈明り〉ともいうべき「生きる知恵」を掴みとることができるのではないか。

教科書にあることだけが勉強ではないし、経験と勘に頼るだけが仕事でもない。

そして、「知識」と「技術」を、「理論」と「感覚」を、「心持ち」で結びつけてみたい、と考えるようになりました。

本書は、ハウツー本の類ではありません。ケアワーカーにとっての「介護の認識論」として打ち出したものです。「科学的介護」が強調される今日、そこにばかり目が向き視野が狭まらないように、との思いを本書に込めました。その中心は、認識の在り方に影響を及ぼす〈精神づくり〉にあります。知識や技術を生かす上でも、相手を生かし自分を生かす上でも、それが鍵になるからです。

これから介護に関心を持つかもしれない方々、

日々奮闘なさっているケアワーカーの皆さん、

生き方を模索中の方の、

その進む道を照らす一助になることを本書は願います。最後までお読みいただきありがとうございました。

末筆ではございますが、庄司和晃先生、植垣一彦先生、全面教育学研究会の諸先生方、介護実践教育研究会の皆様、日本橋出版の編集者様、執筆にあたり、知恵と勇気を頂戴致しましたことを心より感謝申し上げます。

（二〇二二年七月七日）

滝北　利彦（たききた　としひこ）

1966年大阪府生まれ。大東文化大学国際関係学部卒業。

就職氷河期とも呼ばれる頃、自分のやりたいことが見つけられずフリーター生活を送る。

職を転々とする中、特別養護老人ホームで介護に出会う。資格なし。経験なし。根性なし。

何をやっても長続きしない自分が、お年寄りや仲間と出会い、ケアワーカー、新人教育担当、介護主任、介護福祉士養成校の教員として、介護福祉に携わり25年を数える。

「介護は異なもの味なもの」とも思える不思議な魅力を、そこでの学びを後進に伝えることが今の自分のやりがい。

介護福祉士、介護支援専門員
神奈川県立保健福祉大学実践教育センターにて教員養成課程（介護教員養成コース）修了
現在、榎本学園町田福祉保育専門学校専任教員
介護実践教育研究会会長

介護を受けるくらいなら、長生きしたくない？

現役の介護教員、介護福祉士だから書ける生きた教育

2023年3月28日　　第1刷発行
JASRAC　出 2206683-201

著　者——— 滝北利彦
発　行——— 日本橋出版
〒103-0023　東京都中央区日本橋本町 2-3-15
https://nihonbashi-pub.co.jp/
電話／03-6273-2638
発　売——— 星雲社（共同出版社・流通責任出版社）
〒112-0005　東京都文京区水道 1-3-30
電話／03-3868-3275

ISBN 978-4-434-31283-0